¡coser!

¡coser!

Cath Kidston®

BLUME

FOTOGRAFÍA DE PIA TRYDE

Contenido

Introducción 8

información básica

Material básico de costura 14

Máquinas de coser 16

Cortar patrones 18

Dobladillos y bordes 20

Costuras 22

Cierres 24

Lazos y asas 26

Aplicaciones y acolchados 28

Detalles decorativos 30

proyectos

1   Cojín cuadrado 34

2   Almohadón 36

3   Cojín con pájaros 38

4   Cojines de suelo 42

5   Cojín floreado 46

6   Esterillas de mesa 48

7   Servilletas florales 50

8   Mantel de té con corazón 52

9   Medio delantal 54

10 Cubrehuevos 56

11 Mantel de pajaritos 58

12 Manopla de horno 60

13 Bolsa de tendedero 62

14 Saquitos de lavanda 64

15 Perchas de abrigo 66

16 Cojín de lavanda 68

17 Bolsa de agua acolchada 70

18 Gorro de baño 74

19 Estuche de agujas y acerico 76

20 Bolsa de tejer 80

21 Estuche de agujas de coser 84

22 Delantal de niña 88

23 Delantal de niño 90

24 Retrato de Stanley 92

25 Móvil de pájaros 94

26 Stanley de juguete 98

27 Colcha de cuna 100

28 Colcha con corazones 104

29 Manta con aviones 108

30 Cojín bonete 110

31 Bolsa de lona 112

32 Bolso 116

33 Bolsa de la compra 120

34 Bolso grande 122

35 Bolso grande reversible 126

36 Bolso acolchado 130

37 Neceser con cremallera 134

38 Neceser con cordón 136

39 Joyero 140

40 Funda para gafas 144

41 Funda de iPod 148

Direcciones 150

Agradecimientos 155

plantillas

Elefante 157

Corazones 157

Avión 158

Stanley 158

Hexágono 159

Pájaros 159

Flor 160

Introducción

No deja de sorprenderme que muchas amigas mías, de generaciones muy distintas, se dediquen a labores de costura: cosen un botón, hacen el dobladillo de sus vaqueros o confeccionan sus propias fundas para cojines. De repente, ¡las labores de costura están por todas partes!

Cuando era niña, aprendí a coser a mano. Bordaba posavasos y fundas para gafas que me enorgullecía de dar como regalos, y me acuerdo perfectamente de cómo aprendí el punto de festón. Durante la adolescencia recibí lecciones más avanzadas en la máquina de coser de la escuela y, aunque tardé todo un trimestre en hacer una bata de felpa, mi entusiasmo no cejó ni un ápice. Pero lo cierto es que a menudo no se nos ocurre una primera idea para emprender el gratificante proceso de crear algo desde el principio.

Concebí la idea de este libro al darme cuenta de que en el mercado no había ninguna colección de proyectos de costura inspiradora e interesante que además incluyera materiales para todo el mundo, con independencia de su experiencia previa. Tanto si es una principiante como si es una costurera experimentada o simplemente quiere recuperar sus oxidadas habilidades con la costura, *¡Coser!* le enseñará a confeccionar labores por sí misma.

Si usted es como yo, probablemente no le apetecerá leer un tedioso manual de instrucciones y buscará consejos prácticos y concisos, que encontrará en la sección de información básica. Asimismo, este libro, que pretende ser una fuente de inspiración, incluye más de cuarenta proyectos, desde las socorridas perchas forradas de abrigos, que pueden hacerse en poco más de una hora, hasta proyectos más largos, como las encantadoras colchas para cunas de *patchwork*. Espero que encuentre algo que le llame la atención entre las numerosas servilletas, bolsitas para lavanda,

delantales, cojines y toda una variedad de bolsas, entre ellas una simpática funda para iPod, una bolsa de lona tradicional y mi última creación: un bolso reversible y enrollable.

Una de las partes más divertidas de la preparación de este libro fue repasar mi archivo de tejidos. Elegí exactamente los estampados y las combinaciones de colores idóneos para cada proyecto. Aparte de mis propios diseños, incluyo viejos y nuevos motivos florales, tejidos a rayas, guingán, ropa blanca *vintage* y sábanas de algodón suave. Podrá leer mis recomendaciones sobre la elección de telas a lo largo del libro: mezcle estampados, busque detalles ornamentales de colores llamativos y pruebe combinaciones inesperadas. Con estos puntos de partida en mente, podrá desarrollar y personalizar los diseños básicos a su antojo. Llegar muy lejos depende de usted, y el viaje es tan reconfortante...

También se incluyen todos los patrones en papel, ¡así que no hay excusa alguna para no ponerse inmediatamente manos a la obra! En poco tiempo, descubrirá que tiene una labor de costura entre manos a todas horas. Siempre he pensado que empezar una labor es fácil: ¡lo difícil es dejarla!

Cath Kidston

Información básica

Material básico de costura

Todas las telas y artículos básicos de mercería que necesitará para cada proyecto se incluyen en las listas de «material». Uno de los últimos objetos suele ser el «kit de costura», es decir, las herramientas básicas necesarias para sus labores de costura. Es posible que ya disponga de muchas de ellas, pero estas son mis recomendaciones para un costurero básico:

AGUJAS

Hay distintos tipos de aguja, y cada una está pensada para una tarea en particular. Son de distintas longitudes y diámetros, y tenemos desde una aguja gruesa del «1» a una «10» fina para las labores más delicadas. Para empezar convendría tener una caja mixta de agujas que incluya:

• Agujas «puntiagudas» de longitud media o larga con ojos pequeños y redondeados para enhebrar el hilo de coser. Sirven para hacer puntadas y embastar.

• Las agujas de bordar que tienen ojos más largos para enhebrar el hilo de algodón más grueso de los bordados. Son más fáciles de enhebrar y también sirven para coser a mano.

• Agujas cortas para acolchados que atraviesan fácilmente varias capas de tela y rellenos de una sola puntada.

• Una aguja gruesa y despuntada de tapiz o un pasacintas será útil para enhebrar cordones o cintas elásticas.

ALFILERES

Me gusta utilizar alfileres largos y finos con cabeza de cristal porque no solo son bonitos, sino que además son más fáciles de localizar en una tela estampada. Guárdelos en un acerico o en una cajita, y tenga a mano un imán por si se caen.

HILO DE COSER

El brillante hilo de algodón mercerizado número 50 es un hilo universal para coser fibras naturales, así que es apto para estos proyectos. Elija el hilo que se corresponda con el color principal del tejido. Si eso no es posible, elija un tono de hilo más oscuro. Utilice una tonalidad de contraste para embastar, de modo que pueda localizar las puntadas fácilmente. Emplee un hilo extra fuerte de ojal para reforzar los botones tapizados, como los de los cojines de suelo. Si va a coser edredones a mano, utilice el hilo especial para edredones.

DEDAL

La primera vez que utilice un dedal puede resultar incómodo, pero ¡merece la pena acostumbrarse a él si quiere evitar pinchazos en la yema de los dedos! Vienen en distintos tamaños, y debe elegir uno que encaje bien en el dedo corazón pero sin apretar.

TIJERAS

Necesitará tres pares básicos de tijeras de tres tamaños distintos:

• Tijeras pequeñas de bordado de filo estrecho y puntiagudo. Utilícelas para abrir ojales, deshilachar y recortar curvas y esquinas.

• Un par de tijeras universales de tamaño medio para cortar piezas pequeñas y patrones.

• Tijeras de sastre con el mango doblado para cortar los tejidos con precisión. Invierta en un buen par de tijeras con los filos de acero y ¡no las utilice nunca para cortar papel!

• Las tijeras dentadas también resultan útiles, pero no son esenciales. Producen un corte en zigzag que reduce el deshilachado de las costuras sin acabado y aporta un efecto decorativo en el fieltro.

MEDICIÓN

Es imprescindible contar con un buen metro. Busque uno de plástico resistente, rígido y con terminaciones de metal. Tener una regla transparente con divisiones por centímetros también es muy útil a la hora de marcar las líneas de un acolchado, las costuras o la ubicación de los ojales.

HERRAMIENTAS DE MARCA

Los rotuladores solubles al agua o de tinta deleble están diseñados para traspasar las marcas al tejido, pero la tiza de sastre tradicional o los lápices de tiza también sirven. Utilice un color claro en los tejidos oscuros, y al revés. Un lápiz de dibujo HB de punta fina proporcionará un trazo preciso que le servirá de guía en sus acolchados.

sugerencia

OTRAS HERRAMIENTAS SON: UN ENHEBRADOR, UN DESCOSEDOR DE COSTURAS, UNA BOBINA DE HILO BLANCO DE ENHEBRAR, AGUJAS DE MÁQUINA DE COSER DE RECAMBIO, UNA CAJA DE GOMAS ELÁSTICAS Y BOTONES DE REPUESTO, CORCHETES, IMPERDIBLES Y VARIOS RETALES.

Máquinas
de coser

La amplia variedad de máquinas de coser que existe hoy en día en el mercado puede resultar desconcertante tanto para las principiantes como para las veteranas que llevan años cosiendo. Hay mucho donde escoger, desde máquinas muy básicas que apenas tienen aplicaciones adicionales, hasta versiones electrónicas muy técnicas con puntos preprogramados, teclados y pantallas LCD que pueden conectarse al ordenador para crear complejos diseños de bordado.

Aunque su apariencia sea muy distinta, todas ellas comparten las mismas funciones básicas. Todo cuanto necesita para confeccionar cualquiera de mis proyectos es una máquina robusta y funcional que proporcione un punto recto y regular con una tensión uniforme.

CÓMO FUNCIONAN

Todas las máquinas de coser funcionan uniendo dos hilos, uno por encima del tejido y otro por debajo, para producir un punto acabado. La bobina superior se hilvana a través del tirahílos y llega hasta la aguja mientras el hilo inferior se enrolla en una pequeña bobina. Para un punto recto, la aguja se queda en una posición central; para los ojales y zigzags, avanza de un lado para otro. Las máquinas manuales originales no cuentan con esta función de balanceo de la aguja, pero muchas de ellas siguen funcionando bien.

PARTES DE LA MÁQUINA

Dedique un tiempo a leer el manual de instrucciones de su máquina. Seguramente incluirá un diagrama útil con los nombres de todos los botones e interruptores: estúdielos con detenimiento y familiarícese con la terminología. Por muy complicada que sea la parte informática, todas las máquinas se componen de las mismas piezas y estructura.

• La **canilla** está situada en la parte superior derecha de la máquina de coser. Coloque la bobina de hilo de coser de algodón y siga el manual de instrucciones para enhebrar el hilo.

• El **portacarretas** también se sitúa en la parte superior de la máquina. Se emplea para transportar el hilo de la bobina principal a las bobinas pequeñas que llevan el hilo inferior.

• El **regulador de la tensión** modifica la cantidad de presión que se ejerce en el hilo superior.

• La **aguja** puntea sobre el brazo de la máquina, justo por delante del prensatelas. A diferencia de una aguja de coser a mano, la de máquina tiene un agujero en la punta. Existen varios tamaños: necesitará una aguja «universal» o de tamaño medio de 14/90 para estos proyectos. Recuerde que la punta siempre debe ser afilada, por eso conviene cambiar las agujas con regularidad.

• El **pie prensatelas** ejerce presión sobre la tela al pasar por debajo de la aguja. Se mueve arriba y abajo con un pedal. Las máquinas vienen con distintos prensatelas, y se pueden adquirir otros adicionales para puntos muy específicos. Aparte del prensatelas básico, necesitará uno para cremalleras

que le permitirá coser cerca de los ribetes o los dientes de una cremallera. Otros prensatelas se usan para hacer dobladillos, fruncidos o ribetes al bies.

• La **placa de la aguja** tiene un agujerito a través del cual pasa la aguja para recoger el hilo inferior. Viene con una serie de marcas de líneas paralelas. Si alinea los extremos del tejido con estas guías a medida que cose, obtendrá unas costuras regulares.

• El **transportador** es una serie de dientes serrados debajo de la placa que se mueven arriba y abajo para hacer avanzar la tela cuando pasa por el prensatelas.

• La **caja de la canilla** es la única parte de la máquina que no se aprecia a simple vista. Está situada debajo del lecho de la máquina y alberga la canilla con el hilo inferior. Puede modificar la tensión cuando sea necesario ajustando la pequeña abrazadera de la aguja.

• El **control de puntada inversa** es muy útil porque permite hacer varias puntadas en dirección contraria al principio y al final de cada costura para evitar que se deshilache.

• El **pedal** acciona la máquina y controla la velocidad. Al igual que el acelerador de un coche, cuanto más hondo se pisa, más rápido avanza la máquina. Al principio no conviene correr.

TENSIÓN

Una línea de puntadas de máquina debería tener exactamente la misma apariencia en ambos costados. Cosa una hilera de muestra antes de empezar la labor y, si ve una línea de bucles en uno de los costados, entonces es que hay un problema con la tensión del hilo. Lea el manual de instrucciones y ajuste el hilo superior o inferior según sea necesario.

UTILICE SIEMPRE EL MISMO HILO EN LA PARTE SUPERIOR E INFERIOR DE LA MÁQUINA. CONVIENE COMPRAR VARIAS CANILLAS DE REPUESTO Y LLENARLAS ANTES DE EMPEZAR UN NUEVO PROYECTO. DE ESTE MODO, PUEDE CAMBIAR RÁPIDAMENTE CUANDO SE AGOTA EL HILO.

Cortar patrones

EL PATRÓN

Dentro de la bolsita que se incluye en la solapa de este libro encontrará una hoja de patrón con marcas. Está impresa en ambos lados con una serie de contornos geométricos de colores. A simple vista puede parecer una especie de complicado plano de metro o el diagrama de un circuito: preste atención y verá que cada contorno representa una pieza de patrón diferenciada que lleva una marca de una letra de la «A» la «Z» y al revés hasta llegar a «PP».

Aquí encontrará todos los patrones que necesita para confeccionar los proyectos. Algunas de estas formas son únicas: no le costará reconocer una «W», que es el patrón de una funda acolchada para una bolsa de agua caliente, y la «T», que es una funda para gafas. Otras formas tienen múltiples usos y se pueden utilizar en dos proyectos o más. Por ejemplo, el círculo más grande «Y» es el patrón para las partes superior e inferior del cojín bonete, pero también sirve como gorro de baño.

CREAR SUS PROPIOS PATRONES

Todos los contornos se han trazado a tamaño real e incluyen un margen para las costuras, de modo que pueda seguir su trazo para confeccionar sus propios patrones de papel. La forma más rápida de hacerlo es desplegar este último y luego colocar encima una hoja de papel de cera sobre la forma que haya elegido, uniéndola con cinta adhesiva. Trace el contorno con un lápiz de punta fina y, si es preciso, use una regla para que las líneas queden rectas.

También puede comprar una hoja de papel cuadriculado de sastre, que viene con la misma cuadrícula de 10 cm que las hojas de patrones. Luego copie las piezas del patrón en la cuadrícula, procurando que las medidas sean las mismas.

MARCAS DE PATRÓN

Al igual que ocurría con las letras, algunas de las piezas incluyen una línea discontinua adicional que las cruza, y representa una línea de corte alternativa. La forma principal del guante de horno, por ejemplo, es una «U», y la línea «1u» señala el tamaño de los mitones en cada extremo. Algunos de los cuadrados y rectángulos tienen líneas discontinuas interiores adicionales, y señalan esquinas redondeadas. Si sigue las instrucciones, sabrá cuándo seguir dichas líneas.

Otras formas del patrón vienen con una línea de puntos por un lado y una flecha con doble punta que señala en esa dirección: indica que el costado del patrón debe colocarse sobre la tela plegada para obtener un doble ancho o largo.

GUÍAS DE CORTE

Cada uno de los proyectos viene con su guía de corte. Al igual que el diagrama de un patrón de sastre, estas guías le indican qué piezas del patrón necesitará y cómo debe extenderlas sobre la tela. La cantidad de tela imprescindible siempre incluye unos 5 cm adicionales a partir de la cantidad mínima necesaria, pero si quiere casar estampados o rayas, tendrá que comprar tejido de más. Estas guías se muestran sobre la cuadrícula de modo que pueda emplearlas para seguir las formas en el supuesto de que el patrón no salga bien.

TEXTURA DE LA HEBRA

Verá que algunos de los patrones de las guías de corte están marcadas con una flecha de dos puntas que señala de la parte superior a la inferior de la página: indica la dirección de la hebra a lo largo de la tela, que discurre en paralelo hasta los costados y bordes. La hebra cruzada —el sesgo o bies— discurre en diagonal por la tela y tiene cierta caída. Algunas de las piezas, como los ribetes, tienen que cortarse al bies para que se estiren.

sugerencia

PASE TODAS LAS MARCAS, INCLUIDAS LAS LETRAS, A LAS PIEZAS DEL PATRÓN ANTES DE CORTARLO. GUARDE LAS PIEZAS DE CADA PROYECTO EN GRANDES SOBRES ETIQUETADOS PARA PODER REUTILIZARLAS EN UN FUTURO.

Dobladillos y bordes

Puede acabar el borde de una tela de dos maneras: doblándolo y cosiéndolo para hacer un dobladillo o añadiéndole una tira de tela.

El dobladillo sencillo, de un solo doblez, es el que se utiliza en la confección de vestidos y ropa de hogar. La mayoría de los proyectos requieren un dobladillo reforzado con dos vueltas. Esto le proporciona un acabado firme que suele coserse por la parte superior de la tela. Siempre indicaré el ancho de los dobleces en las instrucciones de cada proyecto.

Un dobladillo bien cosido ofrece un acabado muy profesional, sobre todo si se emplea una tela de contraste. Puede comprar ribetes al bies –una tira estrecha y previamente doblada de algodón– en una gama de colores y dos anchuras, o confeccionar la suya propia a partir de un estampado a juego.

DOBLADILLO SENCILLO

Primero, cosa en zigzag el extremo de la tela. Con el envés de cara, pliegue el borde hacia arriba hasta la medida deseada. Puede valerse de una regla para asegurarse de que se conserva la misma anchura. Sujete el doblez con alfileres, luego embaste si lo desea y cosa a máquina justo por debajo del borde acabado.

DOBLADILLO DOBLE

Pliegue y prense el primer doblez en el ancho deseado; luego prepare el segundo, según se indique. El primer doblez suele ser más corto, aunque a veces quedan iguales. Añada agujas y embaste en el lugar correspondiente; luego cosa a máquina cerca del pliegue interno o añada puntadas a mano. Cosa el pliegue exterior de manera que cubra un pequeño espacio.

ACABADO RECTO

Abra un extremo del ribete y, con las dos caras derechas encaradas, préndalo con alfileres al borde de la tela. Cosa a máquina el primer doblez. Doble el ribete por el envés y embástelo cerca del doblez. Remate el extremo curvo con puntadas invisibles o cosa a máquina el derecho de la tela, justo por el interior del extremo ribeteado.

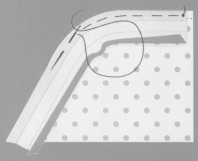

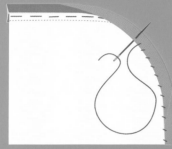

LÍNEAS CURVAS

Una línea curva de una sola capa de tela debe reforzarse con un punto permanente –una hilera de puntos a máquina cosida a unos 4 mm del borde– para evitar que se doble hacia dentro. Con los dos derechos encarados, embaste el extremo del doblez siguiendo la línea curva. Recójala un poco de manera que el pliegue central encaje cómodamente en el borde exterior sin tener que tirar de él.

Doble el resto del ribete por detrás y cosa el extremo a mano o a máquina. Le resultará útil planchar la línea curva por el extremo doblado del ribete antes de coser.

CONFECCIONAR SU PROPIO RIBETE

Para obtener un acabado en línea recta, puede cortar las tiras de tela siguiendo la hebra de la tela, pero para un acabado en curva debe cortarla al bies. Recorte las puntas en diagonal a 45 grados. Para unir dos tiras, sujételas con alfileres a los derechos encarados y los extremos superpuestos, tal como aparece en la imagen. Cosa entre los puntos de intersección.

Planche las costuras abiertas y recorte los triángulos que sobresalgan. Doble la tira a lo largo y por la mitad, con los enveses unidos y planchados. Vaya planchando cada borde hacia el pliegue central.

Costuras

Unir dos piezas de tela es la técnica de costura más sencilla que existe y, si es capaz de hacerlo con pulcritud y precisión, ¡podrá confeccionar cualquiera de los proyectos de este libro!

Sale a cuenta prepararse a conciencia y, si es una principiante en las labores de costura, merece la pena embastar las costuras después de sujetarlas con alfileres. Este punto provisional sostiene la tela mientras la cose a máquina y es más estable que la sujeción con alfileres. Utilice un hilo de contraste y cosa con puntadas largas y continuas, justo por el interior de la línea de costura.

Cuando confeccione una pieza que se haya de lavar o llevar a menudo, es buena idea acabar los extremos con una costura en zigzag o un ribete, tanto antes como después de unir las costuras.

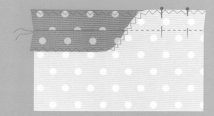

COSTURA RECTA

Prenda las dos piezas con alfileres con las caras hacia arriba y los extremos alineados. Cosa por los márgenes de la costura utilizando las líneas del prensatelas para medir el ancho. Refuerce cada extremo con unos cuantos puntos adicionales y planche los márgenes abiertos o hacia un costado, según se indique.

COSTURA ESQUINERA

Cuando llegue a una esquina, haga descender la aguja y levante el pedal. Dé la vuelta a la tela y continúe por el extremo siguiente. Recorte el margen a unos 2 mm de la línea de pespuntes. Vuelva la tela del revés y dé forma a la esquina soltando suavemente la tela con un lápiz sin punta.

COSTURA CRUZADA

Esta costura se emplea para dar profundidad a las bolsas. Una las costuras lateral e inferior y plánchelas para que queden planas. Vuelva a doblar la esquina abierta para que los extremos de las costuras queden alineados. Prenda ambos costados con alfileres y cosa. Recorte el margen y una o cosa en zigzag para un acabado más pulido.

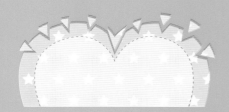

COSTURAS CURVAS

Recorte el margen a unos 6 mm para que la costura no quede demasiado voluminosa. Para las curvas exteriores, como la parte superior de un corazón, recorte una serie de muescas a espacios regulares a unos 2 mm de distancia de la línea de puntos. Para las curvas interiores, haga una serie de piquetes en ángulos rectos con respecto a la línea de puntos.

CERRAR UN HUECO

A veces se tiene que dejar un espacio en una costura para añadir un relleno. Cosa el margen de dicha costura en cada lado antes de girar el derecho de la tela. Sujete ambos extremos con alfileres y un embastado, pasando la aguja por los extremos de los dobleces para darle un acabado pulido.

PUNTO SUPERIOR

Utilice este punto para asegurar los bordes plegados o reforzar una costura. En uno de los pliegues, cosa unos 3 mm hacia dentro desde el borde utilizando el pie prensatelas como orientación. Para una costura recta o curva, planche el margen por un costado y luego cosa las tres capas desde la cara visible a unos 3 mm de la juntura.

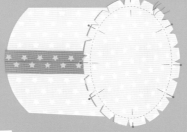
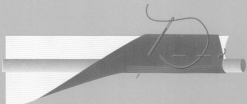

COSTURA CIRCULAR

Corte muescas de 6 mm alrededor del círculo y piquetes de 1 cm en el extremo del tubo con una separación de 2 cm entre ambos. Doble el círculo y el tubo 4 veces para obtener 8 divisiones iguales y marque los extremos de los dobleces. Sujételos con alfileres y con los derechos encarados hacia arriba. Embaste por el interior de la línea de costura y cosa a máquina con el círculo hacia arriba.

COSTURA EN CORDONCILLO

El cordoncillo –un tubo de cuerda cubierto de tela y cosido entre las dos caras de la tela– define una costura de forma muy visible. Corte una franja estrecha al bies y dóblela alrededor de un tramo de cordoncillo con los enveses encarados. Hilvane cerca del cordón y retire cualquier punto visible cuando haya terminado la costura.

Cierres

En cualquier mercería encontrará los distintos tipos de cierres que hay en el mercado. Algunos los habrá utilizado en la confección de prendas o ropa de hogar: corchetes, ganchos, botones forrados de tela y cremalleras, mientras que otros están especialmente diseñados para la ropa y complementos del hogar, como cierres magnéticos para bolsos y botones de madera.

Siempre me gusta añadir unos detalles empleando técnicas tradicionales de costura a mano, y los ojales de punto en las fundas para gafas y el monedero acolchado son mis favoritos. Utilicé ojales de sastre para la bolsa de agua caliente y el bolso. Los ojales cosidos a mano con un punto de sastre aportan personalidad a la tira del bolso de calle y el bolso grande. ¡Al final, compensa el esfuerzo y la paciencia que requieren!

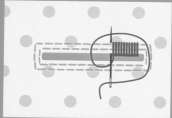

OJAL COSIDO A MANO

Trace una línea del mismo tamaño que el botón siguiendo la hebra de la tela. Refuércela con dos líneas de pespuntes. Recorte cuidadosamente siguiendo la línea. Enhebre un tramo largo de hilo de embastar de algodón y cosa el contorno de la ranura con punto de ojal de sastre, rematando cada extremo. Cosa de derecha a izquierda, insertando la aguja hacia arriba para luego volverla hacia atrás de modo que el lazo del hilo forme un nudo en la base de cada puntada.

BOTONES

Aunque los he utilizado para cerrar la mayor parte de los bolsos y estuches de este libro, los botones tienen otros muchos propósitos decorativos. Los forrados de tela son idóneos para los cojines de tapizado, y he utilizado botones de camisa como toque final para los saquitos de lavanda, así como para hacer las aplicaciones de los ojos de los distintos pájaros y el Stanley de juguete. En las tiendas de antigüedades y baratijas encontrará botones únicos. También puede recuperarlos de prendas antiguas o rebuscar entre el tarro de botones de la familia para descubrir modelos *vintage* de cristal prensado, plástico pintado, metal, madera o perla brillante.

PRESILLAS DE HILO

También puede coserse con hilo de
embastar. Sujete el borde de la tela y cosa
una tira base de tres o cuatro puntos sueltos. Empezando por
la derecha, cosa el punto de ojal de sastre por encima de los hilos,
haciendo pasar el hilo dos veces por debajo de la aguja, tal como
se muestra en la ilustración.

OJAL RIBETEADO

Un ojal ribeteado es un tubo
estrecho y flexible confeccionado
a partir de una tira al bies. Doble
la tira por la mitad y cosa unos
3 mm desde el pliegue, llevando
el extremo de la costura hasta la
esquina. Recorte el margen de
la costura unos 3 mm. Enhebre
una aguja de tapiz con hilo
robusto, sujételo en la esquina
y una ambos extremos. Haga
pasar la aguja con cuidado
por el tubo del ribete para que
la tela vaya saliendo poco a poco
hacia fuera.

CREMALLERAS

Existe un método rápido para
insertar una cremallera en una
costura. Vuelva 2 cm de tela
de cada costado, luego embaste
ambos pliegues y únalos. Inserte
la cremallera cerrada por el envés,
de manera que cada diente
quede bien posicionado. Coloque
un pie de cremallera y cósala
a unos 6 mm del borde exterior
de los dientes. Cosa tres veces
siguiendo los extremos superior
e inferior en ángulos rectos.
Retire el hilo de embastar.

Lazos
y asas

Los lazos y las asas pueden verse como un aspecto puramente funcional de un diseño —el modo en que se lleva un bolso, por ejemplo—, aunque de hecho brindan una magnífica oportunidad para añadir detalles, como una ráfaga de color de contraste o una nueva textura.

Puede comprar asas hechas muy interesantes, como las cintas de mimbre trenzadas con bramante escarlata que encontré para la bolsa de labores, pero también puede hacer sus propias asas a partir de retales plegados y cosidos de tela. Se utiliza una técnica de construcción parecida en los tirantes de delantal y resultan especialmente útiles cuando un color liso se combina con un estampado: fíjese en el delantal de niño de la pág. 90.

ASA DE DOS PARTES

La tira con botón del bolso de calle tiene acabados redondeados y, por tanto, utilicé dos piezas de tela. Las cosí dejando un espacio en la costura, luego les di media vuelta y las cosí en la parte superior. Puede hacerse una tira parecida con extremos cuadrados siguiendo el método del asa doblada, que es más sencillo.

PUNTO DE REFUERZO

Añada robustez a los extremos de su asa con puntos de refuerzo. Cosa a máquina un cuadrado o rectángulo y luego cosa líneas en diagonal entre las esquinas.

ASA DE CINCHA

La cincha es un tejido robusto que puede encontrar en sutiles colores naturales de algodón o en tonalidades más intensas de nailon. Viene en distintos anchos, de los 2 a los 8 cm. Utilice una cincha de 4 cm para confeccionar el asa del bolso de la compra, cosiendo ambos extremos por el centro para facilitar su sujeción.

ASA DOBLADA O LAZO

Una la tira con puntos medios de modo que las dos caras de la tela queden visibles. Luego lleve los costados hacia el centro. Embaste y, después, remate ambos extremos para que quede una tira robusta y de punta abierta. Puede coser ambos extremos para hacer un asa de lazo. Para ensamblar los extremos, pliegue y planche cada esquina hacia dentro a 45 grados antes de cerrar los costados. Planche los triángulos de los extremos hacia dentro.

CORDÓN

Elegí un cordón de algodón tejido suave para la bolsa de lona. El cordoncillo, que habría funcionado igual de bien, es de trama enroscada y un poco más recia. Viene en distintos grosores, de los 4 a los 12 mm. La funda para iPod tiene un cordoncillo de nailon estrecho que se utiliza para persianas. Lo encontrará en tiendas de ropa de hogar.

LAZOS ESTRECHOS

Los bonitos lazos de bolsa de lavandería se confeccionan a partir de un cordón. Los sastres utilizan un pasacintas, pero puede usar el método de la pág. 25. Tire lentamente de la aguja de modo que la tela no se atasque. Los lazos del joyero son un modo sencillo de confeccionar un lazo de tela parecido: cosa con punto invisible los bordes plegados de un tramo de margen al bies.

Aplicaciones y acolchados

Las aplicaciones –la creación de diseños a partir de formas de tela– es una excelente manera de utilizar todo tipo de retales y piezas sueltas. Me gusta trabajar con Bondaweb (fliselina), que es la manera más rápida de trazar y fijar los dibujos, pero puede probar una técnica más tradicional para el cojín con pájaros. Los modelos en tamaño real se encuentran en las págs. 157-160. Recuerde que en algunos casos deberá invertir esos dibujos, ya que la aplicación de plancha siempre da una imagen espejo del modelo original.

APLICACIONES DE PLANCHA

Lea las instrucciones del fabricante antes de empezar a trabajar y compruebe la temperatura de la plancha. Utilice un paño de planchado si trabaja con fieltro.

1 Trace los contornos con un lápiz sobre la hoja de fliselina. Recórtelos, dejando un pequeño margen alrededor de cada forma.

2 Coloque los motivos sobre el revés de la tela, con el papel hacia arriba, encajándolos como si fuera una sierra. Planche en seco.

3 Corte cada forma por su contorno. Retire los papeles y colóquelos sobre la tela de fondo con el adhesivo hacia abajo. Planche en el sitio que corresponda.

PULIR LOS BORDES

Reseguir los bordes con una costura es práctico y decorativo: evita cualquier desgaste y añade más definición a las formas.

PUNTO RECTO

Puede acabar cada motivo a mano con pequeñas puntadas aplicadas en los ángulos rectos de los bordes con hilo de embastar o hilo de bordado.

ZIGZAG

Un zigzag abierto, cosido a máquina con hilo blanco, aporta un acabado duradero a piezas que tengan que lavarse.

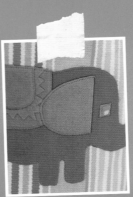

PUNTO SATINADO

Los bordes con un punto estrecho satinado son los más funcionales. Combine el hilo de coser con los colores del fieltro.

APLICACIÓN CON EXTREMOS DOBLADOS

Empiece trazando o fotocopiando el motivo y corte cada elemento por separado.
Puede utilizar los patrones de papel varias veces.

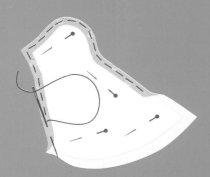

1 Sujete el modelo a la tela con alfileres y con el revés hacia arriba. Corte de modo que quede un margen de 4 mm, luego doble este margen e hilvane.

2 Planche para marcar el pliegue y retire los papeles. Sujete el diseño con alfileres en la posición deseada y cosa el borde doblado con punto invisible hacia la superficie.

3 Para conseguir un efecto abultado, coloque con cuidado una pequeña cantidad de relleno de poliéster debajo de la forma antes de cerrarla.

ACOLCHADO

El acolchado aporta volumen a una tela y la técnica puede ser tan sofisticada como el bolso acolchado de la pág. 130 o tan acogedora como la funda para una bolsa de agua caliente. Es tan sencilla como unir una pieza de relleno de algodón o poliéster entre el tejido principal y una tela de fondo, y luego coser las tres piezas.

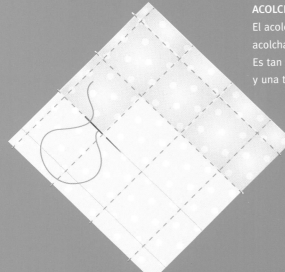

Para crear la forma de un diamante, utilice una regla transparente, una escuadra y un lápiz afilado para delimitar un entramado por la superficie de la tela; embaste los tres tejidos y cosa siguiendo las líneas en lápiz con una aguja corta para acolchados.

Detalles decorativos

Si le gustan las telas tanto como a mí, estoy convencida de que habrá ido acumulando retales y piezas sueltas con la idea de darles una nueva vida. Si se emplean con criterio, el encaje, las puntas y los ribetes pueden aportar un detalle perfecto para acabar un proyecto y añadir un toque personal.

Un ribete de encaje almidonado blanco realzará un motivo floral con espigas, y siempre queda bien con su compañero natural, el lino *vintage*. Pruebe con un ribete de una trama de colores primarios o un lazo de cinta para resaltar los tonos más claros de un tejido estampado. Puede añadir notas de color con lazos de terciopelo, pero a veces un sencillo acabado al bies o una veta de algodón funcionará igual de bien. Las buenas mercerías y los grandes almacenes tienen una gran variedad de piezas, y no tendrá dificultades en encontrar encaje *vintage* y lazos en mercadillos, anticuarios e incluso en tiendas de beneficencia si tiene la paciencia de buscar.

El bordado es otra forma efectiva de añadir color y un detalle de buen gusto, como las lazadas de vaquero en el delantal de niño o el nombre de Stan en la etiqueta del collar de perro. Las madejas de hilo de algodón de colores vienen en una amplia gama de tonalidades. Utilice las seis hebras y una aguja de ojo largo para las puntadas gruesas, y unos cuantos hilos y una aguja más fina para labores más delicadas.

PUNTADAS A MANO

La mayoría de los proyectos de este libro se cosen a máquina, pero descubrirá que también requieren la aplicación de ciertas técnicas de bordado y costura a mano. Muchas se describen en las instrucciones paso a paso, pero aquí se incluyen unos cuantos puntos básicos que pueden resultar útiles.

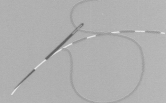

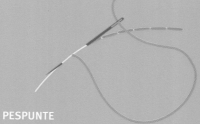

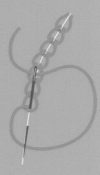

PUNTO CONTINUO

Se aplica mucho al embastar o unir telas, y en menor medida en los acolchados cosidos a mano. Los espacios y los puntos siempre deberían tener la misma longitud.

PESPUNTE

Utilice esta puntada para coser los rebordes a mano en proyectos pequeños y para «escribir». Lleve la aguja hacia atrás y hacia abajo sobre la tela, y luego llévela una puntada hacia atrás por delante de la primera.

CADENETA

Esta puntada crea una línea ancha y flexible. Haga un lazo con el hilo por debajo de la aguja de izquierda a derecha antes de tirar de él y luego inserte la aguja por el bucle del último punto.

ENCAJE

Las puntas de encaje tienen un borde recto y otro curvo. Cosa una hilera de puntos continuos por el costado en línea recta y tire del hilo si busca un efecto fruncido o bien déjelo plano para obtener un aspecto más liso. Para el gorro de baño utilicé una punta más estrecha y práctica de estilo inglés con un borde arrugado.

CENEFA

Hay algo muy atractivo en el ribete de cenefa: siempre tiene un aspecto alegre y luce unos colores estupendos. Si lo añade a una costura o al revés de un dobladillo, verá una pequeña hilera de festones que sobresalen. Utilicé una brillante cenefa roja para el acabado de los cubrehuevos con estampado de rosas y otra más sutil de color amarillo para rematar la solapa del monedero acolchado.

LAZO

El lazo de terciopelo de doble cara que se utilizó para adornar el acerico fue un poco extravagante, pero como solo necesitaba un tramo corto mereció la pena dar ese toque de acabado lujoso. Recuerde que las cintas pueden ofrecer mucho más que lazos: el mantel tiene un acabado de cinta de guingán roja y blanca que encaja a la perfección con la tela de la aplicación.

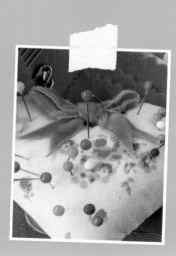

Proyectos

El desafío que me marqué a mí misma con este libro fue diseñar proyectos tan prácticos como hermosos. Seleccioné una serie de objetos que cubrían todas las habilidades básicas de la costura y a la vez añadían ciertos detalles decorativos. Buscar en mis archivos el dibujo perfecto para cada uno fue muy divertido: ¡la mejor inspiración posible para hacerse con una aguja de coser y un hilo!

Cojín cuadrado

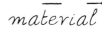

material

- 75 × 65 cm de terliz
- 30 × 50 cm de estampado floral de peso similar
- 2 botones grandes
- hilo de máquina de coser
- kit de costura
- máquina de coser
- cuadrado de 45 cm de relleno para cojines

NIVEL DE DIFICULTAD

El terliz a rayas y los hermosos estampados florales siempre combinan bien, así que puede mezclar y combinar ambos tejidos para crear este cojín engañosamente sencillo. Es un proyecto ideal para principiantes y, para facilitar las cosas, no le añadiremos ojales cosidos: nos limitaremos a sacar los botones cuando lavemos la funda.

A	A	A	B
Estampado floral	Terliz		B

corte

Frontal central: corte 1 × A del estampado floral por el doblez.

Frontal lateral: corte 2 × A de la tela a rayas.

Panel posterior: corte 2 × B de la tela a rayas.

El margen de la costura es de 1,5 cm.

1 Con ambas caras del derecho, cosa los laterales frontales a los bordes largos de la parte central frontal. Planche las costuras en abierto.

2 Cosa el dobladillo del extremo superior del panel posterior inferior planchando a una distancia de 1 cm y, luego, a otros 4 cm. Prenda con alfileres y embaste. Pula el extremo inferior del panel superior trasero del mismo modo.

3 Coloque el frontal del cojín y el panel posterior inferior juntos, con las caras del derecho, alineando los bordes sin acabar. Sitúe el panel superior en el lugar adecuado de modo que casen los bordes.

4 Prenda las tres piezas con alfileres y luego cosa los cuatro costados. Recorte las esquinas (*véase* pág. 22) y vuelva la funda hacia la derecha. Planche con suavidad.

5 Inserte el relleno y cosa la funda ajustando los botones de ambos paneles a unos 2 cm por debajo del borde y a unos 12,5 cm de las esquinas.

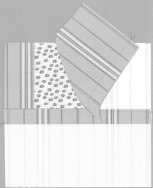

sugerencia

DEPENDIENDO DEL ANCHO DEL ESTAMPADO, ES POSIBLE QUE NECESITE TERLIZ ADICIONAL PARA ASEGURAR LA SIMETRÍA DE LOS DOS FRONTALES. ALINEE CUIDADOSAMENTE LOS DOS PANELES DE ATRÁS CUANDO CORTE, DE MODO QUE LAS RAYAS CAIGAN SOBRE LA ABERTURA.

Almohadón

material

• 85 × 55 cm de algodón
  de estampado floral
• 2 × 4 cm de botones forrados
• hilo de coser a juego
• hilo de ojal
• kit de costura
• máquina de coser
• 50 cm de relleno para almohadón
  de 18 cm de diámetro

NIVEL DE DIFICULTAD

Hay algo en un almohadón tubular de relleno de plumas
que añade un toque lujoso de tocador a cualquier
espacio, y la forma cilíndrica causa sensación por sí sola
o unida a una agrupación de cojines. No se deje amedrentar
por las costuras circulares: encontrará instrucciones
al respecto en la pág. 23.

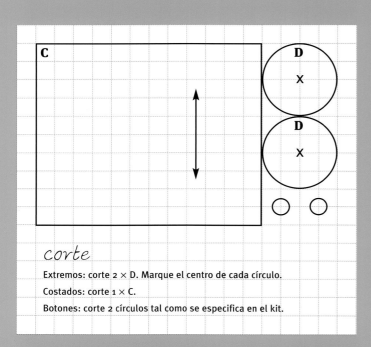

corte

Extremos: corte 2 × D. Marque el centro de cada círculo.

Costados: corte 1 × C.

Botones: corte 2 círculos tal como se especifica en el kit.

1 Planche un doblez de 1 cm en cada extremo de la pieza principal.

2 Con ambas caras del derecho, una ambos extremos con alfileres
en las esquinas. Cosa con punto invisible los pliegues frontales
y posteriores unos 5 cm por cada extremo, dejando una ranura
entre ellos.

3 Encuentre el centro de cada pieza final doblando los círculos en
cuartos y marque este punto. Siguiendo el diagrama y los pasos
de la pág. 23, cosa una a cada extremo de la pieza central
con una costura de 1,5 cm.

4 Vuelva la funda y dé forma a las costuras circulares. Inserte
el relleno del cojín por la ranura lateral.

5 Recoja el borde exterior de cada círculo pequeño y llévelo sobre
las cúpulas de los botones del forro. Tense los hilos y luego recorte
los cabos sueltos tal como indique el fabricante.

6 Pase el hilo de ojal por los flancos del botón y enhebre ambos
extremos por el ojo de una aguja larga y gruesa.

7 Inserte la aguja por el forro y el almohadón en la marca del
punto central; luego retire la aguja por el lateral del almohadón.
Tire del hilo hacia arriba de manera que quede bien sujeto.

8 Prenda los extremos de la abertura con alfileres y cosa los
dos dobleces con punto invisible para terminar la funda.

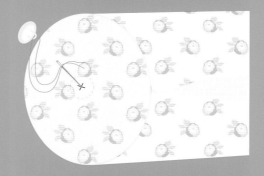

sugerencia

ELEGÍ UN ESTAMPADO *VINTAGE* DE ROSAS FRANCESAS PARA MI COJÍN,
PERO PUEDE OPTAR POR UNA APARIENCIA MÁS FORMAL UTILIZANDO
TERLIZ CORTADO DE MODO QUE LAS FRANJAS DISCURRAN A LO LARGO
O ALREDEDOR DE LA FUNDA. EL ACABADO TRADICIONAL DE UN ALMOHADÓN
TUBULAR LLEVA UN RIBETE DE CONTRASTE EN CADA EXTREMO.

Cojín con pájaros

- 50 × 20 cm de algodón blanco
- 50 × 60 cm de algodón de estampado floral
- papel de dibujo y lápiz
- cuadrado de 15 cm de tela azul a topos
- cuadrado de 15 cm de tela rosa a topos
- relleno de poliéster para juguetes
- 2 botones pequeños
- 2 cuentas negras
- algodón de bordar de hebra verde
- 1 m y 12 mm de ancho de cenefa
- hilo de coser a juego
- kit de costura
- máquina de coser
- 30 × 45 cm de relleno de cojín

NIVEL DE DIFICULTAD

¡Estos encantadores pajaritos irán apareciendo de distintas maneras por todo el libro! Aquí he utilizado dos tamaños del mismo motivo para representar a toda una familia en aplicación de bordes levantados y alas incluidas. La combinación de una punta ondulada amarilla, los topos y las delicadas flores añade frescura primaveral al diseño.

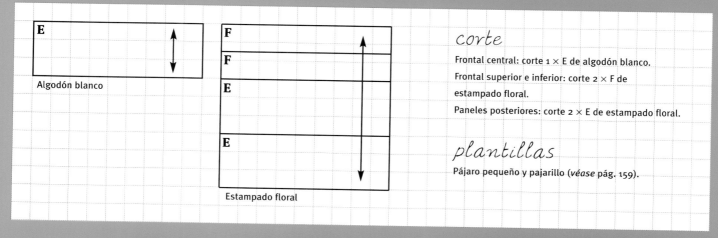

E
Algodón blanco

F
F
E
E

Estampado floral

corte

Frontal central: corte 1 × E de algodón blanco.

Frontal superior e inferior: corte 2 × F de estampado floral.

Paneles posteriores: corte 2 × E de estampado floral.

plantillas

Pájaro pequeño y pajarillo (*véase* pág. 159).

---

1 Siguiendo los pasos de la pág. 29, confeccione el cuerpo y las alas de los cuatro pájaros, dando la vuelta a dos de ellos. Cosa los cuerpos a la parte central. Añada las cuentas en los pajaritos y los botones a los pájaros pequeños como si fueran ojos.

2 Añada un tramo de cenefa en las partes superior e inferior del centro frontal de modo que las líneas curvas toquen el extremo de la tela. Sujete con alfileres los frontales inferiores de manera que las caras queden del derecho.

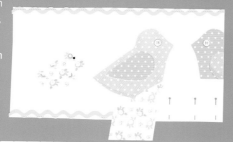

3 Cosa a máquina las costuras a unos 6 mm del borde. Planche con suavidad para que las curvas de la cenefa miren hacia fuera y los márgenes de la costura queden hacia dentro. Borde la hierba verde con unas cuantas líneas de punto continuo.

4 Haga el dobladillo de un borde largo para cada panel posterior. Coloque el cojín con la cara del derecho hacia arriba y luego sitúe los paneles posteriores sobre las partes superior e inferior de modo que los extremos queden alineados. Sujete con alfileres y cosa las costuras de los cuatro costados a 1 cm del borde.

5 Cierre las esquinas y vuelva la funda del revés. Inserte el relleno de cojín y cosa la abertura con punto invisible.

sugerencia

SI NO PUEDE ENCONTRAR UN RELLENO DEL TAMAÑO ADECUADO, PUEDE HACER EL SUYO A MEDIDA A PARTIR DE DOS RECTÁNGULOS DE CALICÓ CORTADOS A 2 CM MÁS DE CONTORNO QUE LA FUNDA ACABADA. UNA CON UNA COSTURA DE 1 CM DE ANCHO, DELE LA VUELTA Y FÓRRELO CON RELLENO DE POLIÉSTER. CIERRE CON UNA PUNTADA INVISIBLE.

Cojines de suelo

material

- 140 × 90 cm de algodón de dril con estampado floral
- 50 × 50 × 10 cm de relleno de espuma para cojines
- 5 × 2,5 cm de botones forrados
- 5 × 2,5 cm de botones
- hilo para ojales
- aguja para tapizados
- hilo de coser a juego
- kit de costura
- máquina de coser

NIVEL DE DIFICULTAD

Los días largos de verano están pensados para hacer vida en el exterior, y estos cojines cuadrados y gruesos le permitirán estar cómodo si acude a un festival al aire libre, un pícnic, si va de acampada o si se sienta en el jardín. Necesitará una aguja de tapizado especialmente larga y resistente para sujetar los botones y darles su característica apariencia tapizada.

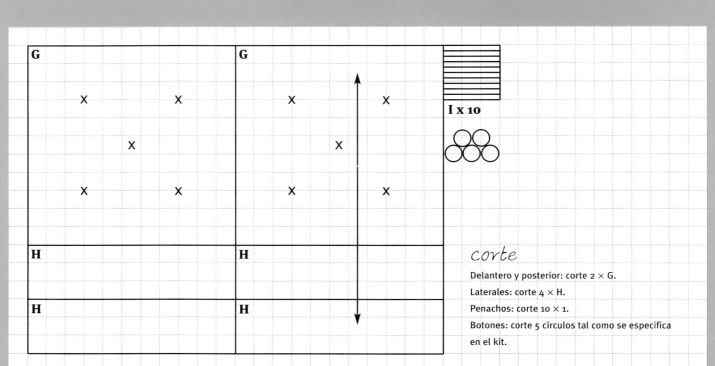

corte

Delantero y posterior: corte 2 × G.

Laterales: corte 4 × H.

Penachos: corte 10 × 1.

Botones: corte 5 círculos tal como se especifica en el kit.

sugerencia

CONSEGUIR QUE LOS BOTONES SE HUNDAN EN EL RELLENO DE ESPUMA REQUIERE CIERTO ESFUERZO: ¡PREPÁRESE PARA TRABAJAR DURO! PIDA AYUDA A UN AMIGO PARA QUE SUJETE EL COJÍN MIENTRAS USTED COSE LOS BOTONES.

Cojines
de suelo

1 Marque las 5 posiciones de los botones en las piezas frontales y posteriores, una en el centro y cuatro puntos de 20 cm en diagonal desde cada esquina.

2 Sujete con alfileres el borde largo de la primera cara a un costado de la pieza frontal. Empiece y acabe la costura a 1,5 cm desde los bordes sin acabado, y luego cósalos a máquina con una costura de 1,5 cm. Una los otros tres costados al frontal del mismo modo.

3 Ahora sujete con alfileres y cosa los bordes cortos de los cuatro costados para que quede una caja hueca. Haga la costura de cada extremo desde el punto en el que se cruza con el frontal a 1,5 cm de la esquina.

4 Recorte cuidadosamente un pequeño triángulo de tela de las tres piezas en cada esquina.

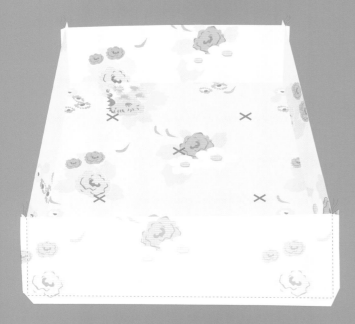

5 Sujete con alfileres y cosa tres bordes del panel frontal a la «caja» del mismo modo; luego recorte las esquinas.

6 Vuelva el forro y planche a unos 1,5 cm girando por los dos extremos abiertos. Inserte el forro del cojín y sujete con alfileres los bordes plegados. Cosa con punto invisible de una esquina a otra.

7 Cubra los botones tal como se indica. Pliegue las dos tiras de penacho de manera que los extremos se crucen a unos 2 cm y luego crúcelos entre sí. Pase unos 50 cm de hilo de ojal por el agujero del botón y luego enhebre la aguja de tapizar. Hunda la aguja en el frontal del cojín en el punto señalado.

8 Inserte la aguja por el acolchado y sáquela por la marca correspondiente de la parte posterior. Pase los extremos del hilo por los agujeros de un botón común. Tire de modo que los botones se hundan en el acolchado. Haga un nudo y recorte los extremos. Añada los otros botones del mismo modo.

sugerencia

EL ACOLCHADO DE ESPUMA DE ALTA DENSIDAD PUEDE COMPRARSE EN TIENDAS ESPECIALIZADAS, DONDE LE CORTARÁN LAS PIEZAS SEGÚN EL TAMAÑO Y LA ANCHURA DESEADOS. PÍDALO CON UN FORRO DE TELA DE PUNTO PARA SUAVIZAR LOS BORDES, PROTEGER EL ACOLCHADO Y FACILITAR SU ENCAJE EN LA FUNDA.

Cojín floreado

material

- 35 × 55 cm de tela de algodón blanco
- 50 × 80 cm de tela de algodón rojo
- selección de retales con estampados florales
- fliselina
- lápiz
- hilos de coser a juego
- kit de costura
- máquina de coser
- 35 × 50 cm de relleno de cojín

NIVEL DE DIFICULTAD

Todas las costureras tenemos una ecléctica bolsa de retales, llena de restos, piezas sueltas y telas rescatadas de prendas antiguas. Siguiendo este espíritu ahorrador, elegí varios de mis estampados *vintage* preferidos para confeccionar este cojín con aplicaciones de colores rojo, azul y blanco: una manera excelente de sacar provecho a los retales más pequeños.

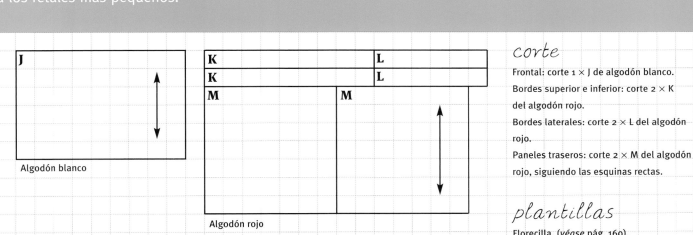

Algodón blanco

Algodón rojo

corte

Frontal: corte 1 × J de algodón blanco.

Bordes superior e inferior: corte 2 × K del algodón rojo.

Bordes laterales: corte 2 × L del algodón rojo.

Paneles traseros: corte 2 × M del algodón rojo, siguiendo las esquinas rectas.

plantillas

Florecilla, (*véase* pág. 160).

El margen de la costura en toda la labor es de 1 cm.

1 Decida qué tejidos utilizar para cada motivo. Yo alterné unas flores rojas y azules de contraste para que los contornos resaltaran en los puntos de solapamiento.

2 Siguiendo las líneas interiores, trace veinte óvalos (dos lotes de seis pétalos para las margaritas, más ocho hojas), dos círculos pequeños para los centros de las margaritas, dos cabezas de flor y cuatro tallos en la fliselina. Retire el papel y planche los motivos.

3 Planche cada motivo empezando por la derecha y avanzando hacia la izquierda. Remate cada forma con punto continuo.

4 Recorte 6 cm a partir del margen corto de J de manera que mida 39 cm.

5 Cosa un borde lateral a cada costado del frontal y apriete las costuras hacia fuera. Añada los bordes superior e inferior, planchando también las costuras hacia fuera.

6 Haga un dobladillo doble de 1 cm de ancho por el borde de un costado de cada panel posterior. Despliegue el frontal terminado con el costado derecho mirando hacia arriba y coloque un panel, con el derecho hacia abajo por cada lado, de modo que las costuras se crucen en el centro.

7 Prenda con alfileres las tres piezas y cosa los cuatro costados a máquina. Recorte las esquinas, vuelva la tela y planche.

8 Inserte el relleno por la ranura. En vez de comprar un relleno, puede hacer el suyo propio a partir de dos rectángulos de 37 × 52 cm de calicó (*véase* la «sugerencia» del cojín con pájaros de la pág. 40).

sugerencia → PARA DE QUE LOS MOTIVOS GUARDEN LA MISMA DISTANCIA DE SEPARACIÓN, COLOQUE TODAS LAS PIEZAS EN EL FRONTAL DEL COJÍN ANTES DE RETIRAR LOS PAPELES DEL FONDO Y MARQUE SU POSICIÓN CON UN ROTULADOR DE TINTA DELEBLE. DEJE UN MARGEN DE 2 CM POR LOS COSTADOS Y DE 4 CM POR LOS BORDES SUPERIOR E INFERIOR.

Esterillas de mesa

material

- 35 × 85 cm de algodón de dril lavado
- 30 × 40 cm de relleno de algodón preencogido
- hilo de coser a juego
- rotulador de tinta deleble
- kit de costura
- regla
- máquina de coser

NIVEL DE DIFICULTAD

Las esterillas figuran en la lista de objetos útiles que todo el mundo necesita en algún momento, tanto si se trata de proteger una superficie de madera o añadir color a una mesa. Cree las suyas propias con una tela que haga juego con su cubertería, vajilla y cristalería, y ese toque dará un aire festivo a cada comida.

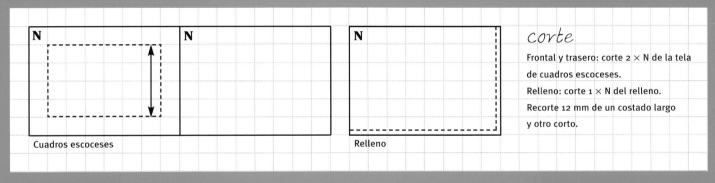

Cuadros escoceses

Relleno

corte

Frontal y trasero: corte 2 × N de la tela de cuadros escoceses.

Relleno: corte 1 × N del relleno.

Recorte 12 mm de un costado largo y otro corto.

1 Utilice un rotulador de tinta deleble y una regla para marcar un rectángulo a 5 cm del borde en el costado derecho del panel frontal. Sujete el relleno con alfileres por el envés de dicho panel de modo que quede un margen de 5 mm en todo el contorno. Embaste.

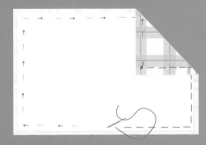

2 Ahora, sujete con alfileres el panel posterior al frontal con los lados derechos encarados de modo que el panel frontal quede entre el forro y el lado posterior.

3 Cosa a máquina las tres capas de tela y el forro dejando un hueco de 20 cm por el centro del borde inferior. Cosa a 5 mm del borde para que las puntadas discurran por el exterior del borde del acolchado.

4 Alise las costuras con la plancha en cada costado de la ranura, recorte las esquinas y dé la vuelta a los derechos de las esterillas por ese hueco (*véase* pág. 22). Embaste la ranura, asegurándose de que las costuras quedan lisas, y cierre con un punto invisible.

5 Cosa a máquina la línea marcada en el frontal utilizando un hilo que esté a juego o haga contraste con el tejido principal. Acabe con una ronda de puntos en la parte superior, a 3 mm del borde exterior.

sugerencia SI UTILIZA UN TEJIDO DE CUADROS, TAL COMO HICE YO, SIGA EL PATRÓN GEOMÉTRICO PARA CORTAR LAS ESTERILLAS: ASÍ TENDRÁ UNA GUÍA PARA COSER EN DIRECCIÓN RECTANGULAR. ACUÉRDESE DE DEJAR TELA DE MÁS SI QUIERE CENTRAR EL ESTAMPADO O SI DESEA CREAR UN CONJUNTO.

Servilletas florales

material

- cuadrado de 45 cm de estampado floral
- 60 × 30 cm de cuadros o cuadros escoceses
- hilo de coser a juego
- kit de costura
- máquina de coser

NIVEL DE DIFICULTAD

El toque final de sus mesas será un conjunto de servilletas a juego. He elegido el estampado de rosas pictóricas sobre un fondo azul claro y acabado con un ribete de tejido a cuadros. Este es el diseño de cuadros que utilicé para las esterillas, e ilustra hasta qué punto dos telas que no encajan pueden adoptar un aspecto estupendo si comparten un mismo esquema de color.

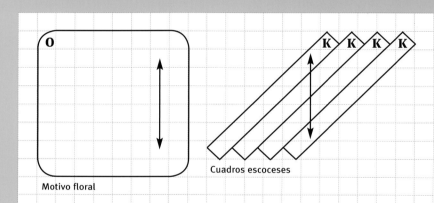

O

Motivo floral

K K K K

Cuadros escoceses

corte

Servilleta: corte 1 × O del estampado floral siguiendo los bordes redondeados.

Ribete: corte 4 × K de los cuadros escoceses, por el bies.

1 Una las cuatro franjas al bies en los extremos cortos, solapando los puntos tal como aparece en la pág. 21. Alise las costuras en abierto con la plancha y recorte los puntos al mismo nivel que los bordes rectos. Recorte los extremos en los ángulos rectos.

2 Planche el ribete a lo ancho y a lo largo de la pieza, y luego planche a unos 5 cm girando por un borde largo.

3 Cosa las esquinas de la servilleta.

4 Empezando por el centro de un costado, sujete con alfileres e hilvane el ribete sin planchar de la servilleta con los derechos encarados. Afloje la presión del ribete en las esquinas tal como se indica en la pág. 21.

5 Recorte el extremo del ribete en un ángulo recto cuando haya terminado la ronda, dejando un solapado de 2 cm. Alise con la plancha a 5 mm del extremo suelto e hilvane.

6 Doble el otro costado del ribete por el envés de la servilleta de modo que el borde sin alisar quede recogido e hilvane el doblez. Remate con una puntada invisible que sujete este último.

sugerencia

ANTES SE ESTILABA TENER UN CONJUNTO DE SERVILLETAS DE DISTINTOS TAMAÑOS, DESDE DELICADOS CUADRADOS DE 30 CM PARA EL TÉ HASTA LAS VERSIONES ENORMES Y ALMIDONADAS DE DAMASCO PARA LAS CENAS FORMALES. CONFECCIONE SUS SERVILLETAS SEGÚN EL TAMAÑO QUE MÁS LE CONVENGA; AMPLÍE SI ES PRECISO EL CUADRADO DE 45 CM.

Mantel de té con corazón

material

- 65 × 80 cm de lino blanco
- 25 × 65 cm de estampado floral de vestido
- cuadrados de 20 cm de 6 estampados florales
- fliselina
- hilo de coser a juego
- kit de costura
- máquina de coser

plantilla

Corazón grande (*véase* pág. 157)

NIVEL DE DIFICULTAD

Las telas de estampados florales densos siempre acaban encajando si el tamaño de las flores es el mismo. Corté seis corazones grandes, cada uno de ellos de un estampado distinto, para crear los ribetes de aplicaciones con planchado para este mantel de té. Los terminé con una ronda de punto de máquina en zigzag para que aguantaran el uso diario.

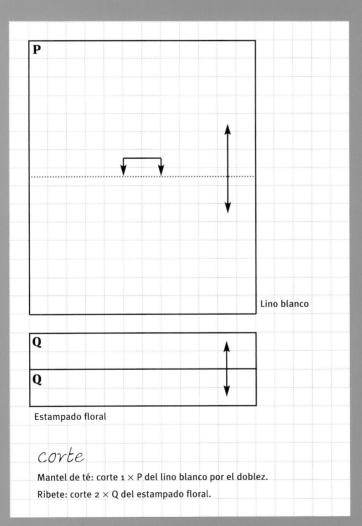

P

Lino blanco

Q

Q

Estampado floral

corte

Mantel de té: corte 1 × P del lino blanco por el doblez.

Ribete: corte 2 × Q del estampado floral.

1 Sujete una franja de ribete con alfileres, con el derecho hacia abajo, a cada costado corto del lino. Cosa a máquina a 1 cm del borde y alise los márgenes de la costura con la plancha hacia fuera.

2 Planche y sujete con alfileres 1 cm de dobladillo doble en cada costado largo. Cosa la parte superior a 3 mm del pliegue interior.

3 Cosa por debajo de 1 cm siguiendo el borde sin acabar de ambos ribetes. Doble por el envés y planche de modo que los pliegues queden justo por encima de la línea de puntos. Sujete con alfileres y cosa en la parte superior desde el ángulo recto. Cosa los bordes laterales abiertos con punto invisible.

4 Elija seis corazones en fliselina. Siguiendo la técnica de la pág. 28, planche cada uno sobre una tela distinta. Córtelos y retire los papeles de refuerzo.

5 Pliegue el mantel de té por la mitad y a lo ancho para hallar el centro. Coloque un corazón en el centro en cada esquina, con las puntas a 1 cm de distancia de los ribetes.

6 Alise con la plancha y añada dos corazones en cada costado, dejando un espacio de 2-5 cm por cada lado del primer motivo. Alise con la plancha. Con hilo de embastar, cosa a máquina en zigzag el contorno de cada corazón.

sugerencia LOS MANTELES Y LAS SÁBANAS DE LINO ENVEJECIDO TIENEN UNA SUAVIDAD MARAVILLOSA QUE SOLO SE OBTIENE DESPUÉS DE DÉCADAS DE USO Y LAVADO. PERO NO TODAS ESTAS TELAS SOBREVIVEN INTACTAS, ASÍ QUE CONFECCIONAR MANTELES DE TÉ ES UNA BUENA FORMA DE RECICLAR LAS PARTES ÓPTIMAS DE ESTA TELA.

Medio delantal

material

- 45 × 130 cm de algodón de dril
- 2 m y 2 cm de ancho de ribete al bies
- hilo de coser a juego
- kit de costura
- máquina de coser

NIVEL DE DIFICULTAD

Puede animar las tareas del hogar más mundanas y el trabajo en el jardín con este práctico medio delantal: tiene tres bolsillos y el tamaño justo para guardar cepillos, trapos e hilo de bramante. Seleccione un colorido estampado floral para dar mayor expresividad y remate los bordes con un ribete al bies de un color aún más vivo.

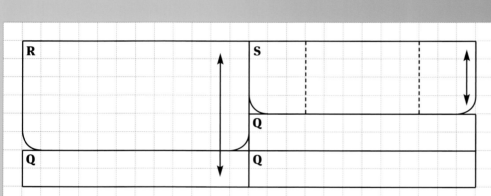

corte

Delantal: corte 1 × R.

Bolsillo: corte 1 × S. Marque una línea de 15 cm de cada lado corto.

Tirantes: corte 3 × Q.

1 Siguiendo las instrucciones de la pág. 20, remate el borde superior del bolsillo con un ribete al bies. Marque el punto central de este último. Sujete con alfileres los bordes lateral e inferior al delantal principal de modo que encajen las esquinas redondeadas. Cosa a máquina, dejando un margen de costura de 6 mm.

2 Para marcar las divisiones del bolsillo, trace una línea de 15 cm delante de cada borde lateral. Cosa las dos capas siguiendo ambas líneas.

3 Doble los bordes lateral y posterior siguiendo la técnica para trabajar las esquinas curvas de la pág. 21.

4 Una los extremos cortos de los tres tirantes para formar una tira larga y alise las costuras en abierto con la plancha. Planche por la mitad del largo y despliegue. Ahora, doble los dos bordes largos por la línea de frunce central y planche. Ensamble los extremos cortos (véase pág. 27). Abra el pliegue central y doble el tirante por la mitad de su longitud hasta hallar el punto central.

5 Case los dos puntos centrales, sujete con alfileres el delantal a la tira hasta que el borde superior quede sobre la tira fruncida. Embaste el borde superior del delantal a la mitad inferior de la tira.

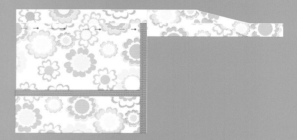

6 Doble la mitad superior de la tira sobre el borde superior del delantal y embástelo. Hilvane las mitades superior y posterior de los cabos sueltos para terminar las tiras izquierda y derecha. Cosa la parte superior a unos 3 mm a lo largo de los bordes cortos y largos de la tira.

sugerencia

LOS BOLSILLOS DE DELANTAL SIEMPRE SE DESGASTAN EN LA PARTE SUPERIOR DE LAS ESQUINAS, ASÍ QUE CONVIENE AÑADIR PUNTOS DE REFUERZO EN EL EXTREMO SUPERIOR DE LAS LÍNEAS DIVISORIAS Y EN LOS PUNTOS EN LOS QUE LAS ESQUINAS SUPERIORES DE LA PIEZA DEL BOLSILLO SE UNEN A LA PIEZA PRINCIPAL DEL DELANTAL.

Cubrehuevos

material

- 15 × 20 cm de estampado floral
- 15 × 20 cm de fieltro
- 20 cm de cenefa
- hilo de máquina de coser a juego
- kit de costura
- máquina de coser

NIVEL DE DIFICULTAD

Ninguna bandeja del desayuno está completa sin un par de huevos duros con sus correspondientes hueveras con gorrito. Estos alegres complementos se confeccionan a partir de un estampado de rosas y se forran de fieltro verde para conservar la temperatura de los huevos. Las costuras curvas se cosen a máquina, pero este proyecto también es idóneo para practicar algunos puntos de costura a mano.

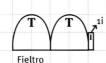

trace el patrón

Cobertor: utilice la pieza T con la línea 1t como margen inferior.

Lengüeta: utilice la pieza I con la línea 1t como margen derecho.

corte

Cobertor: corte 2 del estampado floral.

Forro: corte 2 del fieltro.

Lengüeta: corta 1 del fieltro.

1 Pliegue una pieza del cubrehuevos a mitad del ancho hasta hallar la línea central. Pliegue la lengüeta a mitad del ancho y embástela por el centro siguiendo la ranura por el lado derecho de modo que ambos extremos queden alineados con el bode superior.

2 Sujete con alfileres la segunda pieza del cubrehuevos sobre la primera con los derechos encarados. Cosa el borde lateral con el superior, dejando una costura de 5 mm. Recorte una serie de muescas a partir de la parte curva del margen de la costura, dejando una separación de 1 cm entre ellas (*véase* pág. 23).

3 Vuelva el lado derecho del cubrehuevos, coloque la costura en la posición correcta y alise con la plancha.

4 Prenda las dos piezas de fieltro con alfileres y cosa a 5 mm del borde lateral y superior. Reduzca el margen de la costura a 3 mm.

5 Deslice el forro por el interior del cubrehuevos y alinee los bordes abiertos. Dóblelos a la vez para crear un dobladillo de 5 mm de ancho alrededor de la abertura. Embaste donde corresponda.

6 Pliegue el dobladillo hacia arriba una vez más. Empezando por la parte trasera central, pase la cenefa por detrás del doblez de modo que la onda sobresalga por el margen superior. Recorte los extremos y encájelos por debajo del dobladillo. Embaste todas las capas y luego cosa el margen superior hacia abajo.

sugerencia

SI NECESITA PIEZAS SUELTAS Y RIBETES, ELIJA UNO O MÁS COLORES CLAVE DE LA TELA ESTAMPADA. ESTE FIELTRO VERDE BRILLANTE OFRECE UNA COMBINACIÓN PERFECTA PARA LOS TALLOS DE LA ROSA Y LAS HOJAS, MIENTRAS QUE LA CENEFA ROJA ES DEL MISMO COLOR QUE LOS PÉTALOS MÁS OSCUROS.

Mantel de pajaritos

NIVEL DE DIFICULTAD

Las largas mesas de comedor requieren manteles extragrandes, y no siempre son fáciles de encontrar. Decidí crear este mantel exclusivo dando un nuevo enfoque a esta antigua sábana de lino. Añadí una cenefa de aplicaciones de plancha con motivos de corazones grandes y pájaros a partir de dos colores de guingán y un estampado floral del mismo tono. El ribete a juego, confeccionado con cinta de guingán, es un modo rápido y eficaz de acabar esta prenda. Puede utilizar las versiones a pequeña escala de estos motivos para adornar un conjunto de servilletas a juego con el mantel.

material

- un mantel o sábana convencional
- para cada corazón y pajarillo:
  repita: 2 cuadrados de
  20 cm de guingán
  20 × 25 cm de estampado
  floral
  2 botones pequeños
- fliselina
- hilo de coser a juego
- kit de costura
- lazo de guingán para añadir
  al extremo de la tela, más 5 cm
- máquina de coser

plantillas

Corazón grande (*véase* pág. 157)
Pájaro grande (*véase* pág. 159)

1 Decida cuántas repeticiones del motivo de corazones y pájaros le gustaría incluir. Yo coloqué tres a intervalos regulares a lo largo de los costados y uno en el centro de cada esquina.

2 Encontrará instrucciones detalladas sobre cómo utilizar las aplicaciones de plancha en la pág. 28. Para cada repetición necesitará colocar dos pájaros, dos alas y un corazón sobre fliselina. Dé la vuelta a uno de los pájaros y a su correspondiente ala de modo que queden encarados.

3 Mezcle las alas y el corazón en el motivo floral y planche un pajarillo en cada pieza de guingán. La variación de tela añade interés al diseño final, así que mezcle y combine los estampados y cuadros para cada par de pajaritos, sus alas y el corazón. Yo utilicé tres variedades distintas de guingán: roja, verde y rosa.

4 Doble el mantel a cuartos y planche los dobleces para marcar el centro de cada costado: utilice esta línea de pliegue como guía para planchar los primeros motivos hacia abajo. Luego puede doblar de nuevo los costados largos por la mitad para marcar la ubicación de las otras dos repeticiones.

5 Remate cada pieza individual con una ronda de puntos rectos y cortos, una puntada a máquina en zigzag o con un punto de satén. Termine cosiendo la cinta de guingán por el contorno del mantel, ensamblándolo por las esquinas y doblando las puntas con un dobladillo bien acabado.

sugerencia  SI SU SÁBANA TIENE ALGUNA MANCHA QUE NO SE VA O UN AGUJERO, INSERTE EL MOTIVO SOBRE LA ZONA EN CUESTIÓN. PRIMERO LAVE Y PLANCHE LAS TELAS DE LA APLICACIÓN, YA QUE EN ALGÚN MOMENTO HABRÁ QUE LAVAR EL MANTEL Y, SI SE ENCOGE, PODRÍA DISTORSIONAR EL DISEÑO.

Manopla de horno

material

- 65 × 85 cm de algodón de dril
- 45 × 80 cm de entretela de algodón
- 2,5 m de ribete al bies
- hilo de coser a juego
- kit de costura
- máquina de coser

NIVEL DE DIFICULTAD

He aquí otra remodelación de todo un clásico: aunque prefiera recalentar un plato precocinado antes de cocer pan integral y bandejas de pastelillos, ¡siempre va a necesitar una manopla de cocina! Este proyecto es muy sencillo de hacer y sirve de punto de partida a las técnicas necesarias para unir bordes.

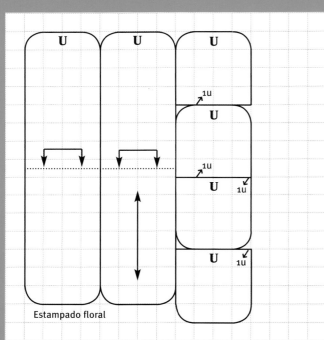

Estampado floral

trace el patrón

Manoplas: utilice la pieza U, con la línea 1u como borde recto.

corte

Refuerzo: corte 2 × U del estampado floral por el pliegue.

Manoplas: corte 4 del estampado floral.

Acolchado: corte 1 × U por el pliegue, más 2 × guantes de entretela.

1 Empiece uniendo las tres piezas que componen el primer guante: una de las manoplas con el lado derecho en la parte de abajo, luego un acolchado de guante en medio y otra manopla en la parte superior con la cara derecha hacia arriba.

2 Sujete con alfileres y embaste todas las capas por el borde exterior. Remate el extremo recto con un ribete al bies, a mano o a máquina, tal como se muestra en las instrucciones de la pág. 20. Haga lo mismo en la segunda manopla.

3 Encaje las dos telas de refuerzo y el resto del acolchado del mismo modo y embaste por el borde exterior.

4 Prenda con alfileres un guante a cada extremo del refuerzo y embaste. Cosa una ronda de ribete al bies por todo el borde exterior, empezando y acabando en el centro de un borde largo.

5 Corte un tramo de 10 cm del ribete sobrante y planche por debajo de los extremos. Doble a mitad del ancho y cosa los pliegues con punto invisible. Cosa y refuerce los bordes hasta que el ribete complete toda la vuelta y pueda hacer un lazo.

sugerencia

SI ESTÁ TRABAJANDO CON UNA TELA CON UN DISEÑO DIRECCIONAL, COMO LAS RAYAS O ESTE «GUINGÁN FLORAL», DISPONGA LA POSICIÓN DE LAS PIEZAS DEL PATRÓN DE MANERA QUE EL DISEÑO DISCURRA POR EL CENTRO SOBRE LA TELA DE REFUERZO Y ENCAJE CON LAS MANOPLAS EN CADA EXTREMO. ES POSIBLE QUE TENGA QUE AÑADIR TELA EXTRA.

Bolsa de tendedero

material

- 40 × 75 cm de algodón de dril
- percha de armario infantil
- 1,5 m de ribete al bies
- hilo de coser a juego
- kit de costura
- máquina de coser

NIVEL DE DIFICULTAD

Colgar la ropa es mucho más fácil cuando se tienen las pinzas a mano, como nuestras abuelas sabían perfectamente. He aquí otro ejercicio para practicar el ribete al bies: esta vez aprenderá a pulir las curvas interiores, cosiendo la ranura de esta hermosa y práctica bolsa de tendedero.

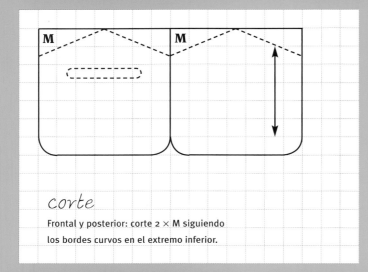

corte

Frontal y posterior: corte 2 × M siguiendo los bordes curvos en el extremo inferior.

1 Extienda la cara derecha hacia abajo y coloque la percha en el centro por la parte superior, de modo que la base del gancho quede alineada con el borde. Trace el contorno superior del colgador y luego recorte esta línea. Pliegue en el medio ancho para comprobar que la forma sea simétrica y recorte según sea necesario.

2 Siguiendo la guía del diagrama de corte, trace una ranura estrecha con extremos redondeados unos 25 cm por encima del borde inferior. Cosa a máquina una línea de refuerzo a unos 3 mm del exterior de la línea. Con unas tijeras de bordar afiladas, corte el centro para abrir la ranura.

3 Remate la ranura con un ribete al bies y cósalo a mano. Para que el ribete quede liso en ambos extremos, necesitará doblar el centro y desplegar los extremos doblados en una curva. Primero cosa el ribete del lado derecho y luego el envés.

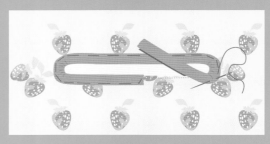

4 Sujete con alfileres la parte delantera y trasera con los envéses encarados. Remate el margen superior de la parte de atrás de modo que quede de la misma forma que el frontal y embaste las dos piezas.

5 Ate el borde exterior de la percha, tal como aparece en las págs. 20-21, empezando por un costado del punto superior; acuérdese de dejar un hueco para el gancho. Inserte la percha por la ranura y muévalo hasta que el gancho sobresalga.

sugerencia SI NO PUEDE ENCONTRAR UNA PERCHA PARA ABRIGOS, INTENTE REDUCIR UNA DE TAMAÑO CONVENCIONAL. TOME LAS MEDIDAS Y MARQUE UNA LÍNEA DE CORTE A 15 CM DEL GANCHO EN CADA BRAZO. CORTE CUIDADOSAMENTE LOS EXTREMOS CON UNA PEQUEÑA SIERRA Y ALISE LOS BORDES CON PAPEL DE LIJA.

Saquitos de lavanda

NIVEL DE DIFICULTAD

La lavanda se usa desde hace mucho tiempo por su fragancia y su capacidad para ahuyentar a las polillas. Estos corazones y pajarillos colgantes están repletos de flores secas, y desprenderán un suave aroma en el armario y el cajón donde guarde las sábanas. Cósalos a mano o a máquina para guardar o regalar a familiares o amigos.

material

- cuadrados de 2 × 20 cm de algodón de estampado floral
- 35 g de lavanda seca por cada saquito
- 1 botón pequeño
- 15 cm de cinta estrecha
- papel y papel de patrón
- hilo de costura a juego
- kit de costura
- máquina de coser

plantillas

Corazón grande (*véase* pág. 157)
Pájaro grande (*véase* pág. 159)

1 Para el saquito del pájaro, trace el contorno del cuerpo y las alas y recórtelo. Sujete la plantilla con alfileres en el envés de la tela principal y dibuje siguiendo el contorno. Corte, dejando un margen de contorno de 1 cm.

2 Cubra el ala con la otra tela, siguiendo el método de la aplicación de bordes doblados de la pág. 29. Sujete con alfileres el ala y el flanco derecho del pájaro, asegurándose de que esté en la posición correcta cuando lo mire a contraluz. Cosa con punto continuo.

3 Con los derechos encarados, sujete el frontal con la otra tela y cosa a máquina por el contorno. Deje un espacio de 4 cm por el lado recto de la cara posterior.

4 Vuelva a doblar el margen de la costura a unos 5 mm en todo el contorno, recortando y repasando las líneas curvas donde sea necesario (*véase* pág. 23). Alise el margen con la plancha a ambos lados de la abertura. Vuelva la tela, repase las costuras y planche con cuidado.

5 Llene el pajarito de lavanda con una cucharadita de té y luego cosa la ranura con punto invisible.

6 Doble la cinta por la mitad para hacer un lazo con el que colgar el saquito y cosa los extremos de la parte posterior del pájaro, cerca de la parte superior del ala. Cosa el botón para hacer el ojo.

7 El corazón se confecciona del mismo modo, dejando una abertura por un borde recto, justo por encima de la puntada. Cosa el lazo a la parte superior del centro.

sugerencia

COSER UNA CURVA TRAS OTRA NO RESULTA FÁCIL, ¡ASÍ QUE HICE TRAMPA! EN VEZ DE CORTAR LA PARTE DELANTERA Y TRASERA Y LUEGO UNIR LOS BORDES, DIBUJE EL MOTIVO SOBRE UNA PIEZA DE TELA, EMBASTE OTRA PIEZA POR DETRÁS, CÓSALAS POR EL CONTORNO Y RECORTE LA COSTURA.

Perchas de abrigo

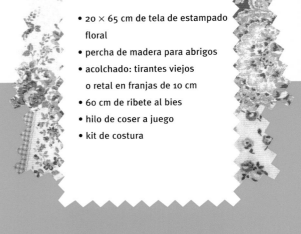

NIVEL DE DIFICULTAD

Dé a sus mejores trajes el trato especial que merecen y evite que los hombros se arruguen con estas perchas tan rápidas de hacer. Vienen con un ligero acolchado que se consigue rodeando los brazos de madera de tirantes antiguos, aunque también puede utilizar tiras de una camiseta o un jersey antiguos.

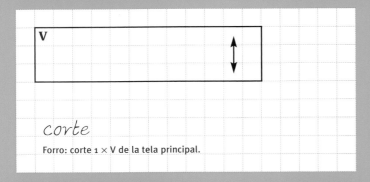

corte

Forro: corte 1 × V de la tela principal.

1 Añada el acolchado a la percha. Empezando por el final, avance envolviéndola con fuerza y deje un espacio para el gancho. Cosa los bordes donde sea necesario y asegure los extremos con varias puntadas.

2 Corte un tramo de ribete unos 2 cm más largo que el gancho. Alise con la plancha un doblez de 5 mm en un extremo. Doble a mitad del ancho y junte el extremo doblado y los extremos largos para formar un tubo. Deslice el extremo abierto sobre el gancho y cosa los extremos al acolchado.

3 Alise un doblez de 1 cm en los extremos cortos y 2 cm en los largos del forro. Doble a la mitad del ancho y marque el punto central.

4 Cosa los pliegues con puntada invisible en cada borde corto. Cosa los bordes de la parte superior y el lado izquierdo desde la esquina hasta el punto central. Hágalo con puntos continuos de 5 mm aplicados a 5 mm de los pliegues.

5 Introduzca la percha por la funda. Tire del hilo de manera que la tela se frunza por encima del acolchado. Alise los pliegues y corte el hilo. Repita la operación por el otro costado.

6 Haga un lazo con el resto del ribete al bies, recorte los extremos y cosa la funda por la base del gancho.

sugerencia

UN TRAMO DE CINTA ADHESIVA REVERSIBLE APLICADA A LO LARGO DE LA PERCHA EVITARÁ QUE EL ACOLCHADO SE SALGA.

Cojín de lavanda

material

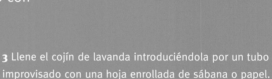

- 35 × 85 cm de tela de estampado floral
- 300 g de lavanda seca
- 1,8 m de encaje de 5 cm de ancho
- 8 botones de 1 cm
- hilo de coser a juego
- kit de costura
- máquina de coser

NIVEL DE DIFICULTAD

Coloque este cojín perfumado sobre su cama y las propiedades calmantes de la lavanda harán que tenga sueños más dulces. Para evitar que el contenido quede mal distribuido y para darle un aspecto tapizado, la parte delantera y posterior se han cosido en cuatro puntos centrales de unión y se han adornado con botones de perla.

N		**N**	
X	X	X	X
X	X	X	X

corte

Parte delantera y trasera: corte 2 × N.

1 Marque los cuatro espacios para los botones en ambas piezas, tal como aparece en la ilustración. Una con alfileres los dos derechos encarados. Cosa a máquina, con un margen de costura de 1 cm y dejando un hueco de 10 cm en el centro de un costado.

2 Alise con la plancha el margen de la costura a ambos lados de la hendidura. Recorte las esquinas y vuelva la tela. Dé forma a las esquinas y alise las costuras.

3 Llene el cojín de lavanda introduciéndola por un tubo improvisado con una hoja enrollada de sábana o papel. Cierre la ranura cosiéndola con punto invisible.

4 Cosa un botón en un punto de intersección de la parte frontal y luego pase la aguja por la parte trasera de modo que salga por la marca correspondiente. Añada otro botón y cosa los dos juntos varias veces en el cojín. Repita en las otras tres cruces.

5 Prenda el encaje con alfileres por un costado del cojín. Tome las medidas de los 10 cm siguientes y luego coloque el encaje de la parte superior de modo que el sobrante forme un lazo en una esquina. Prenda el encaje con alfileres en los otros dos costados y una los extremos.

6 Una el encaje a las costuras con punto invisible. Cosa una línea de puntos continuos por el borde recto de cada lazo a medida que avance y luego tense el hilo para fruncir el encaje. Cosa los frunces con punto invisible en la esquina.

sugerencia → PUEDE INTERPRETAR ESTE PROYECTO DE VARIAS MANERAS, VARIANDO EL TAMAÑO Y LA FORMA (TAL VEZ UN CUADRADO O UN GRAN CORAZÓN) O CONFECCIONANDO LAS PARTES DELANTERA Y TRASERA CON DISTINTAS TELAS Y DIFERENTES TIPOS DE BOTONES EN CADA LADO PARA QUE EL COJÍN SEA REVERSIBLE.

Bolsa de agua acolchada

NIVEL DE DIFICULTAD

Esta bolsa de agua acolchada a mano, confeccionada a partir de una tela de cachemira rosa, está inspirada en los edredones tradicionales de plumas. Se ha decorado con un estampado turquesa pálido y se abrocha con un ojal ribeteado y un botón perlado. No la pierda de vista, pues la bolsa infundirá un ambiente cálido y acogedor a las noches más frías de invierno.

material

- 50 × 60 cm de tela de cachemira
- 50 × 60 cm de entretela de poliéster o algodón
- 50 × 60 cm de tela de refuerzo
- 15 × 40 cm de tela para ribete
- hilo de coser a juego
- 50 cm de punta de terciopelo
- botón de 1 × 12 mm
- kit de costura
- máquina de coser

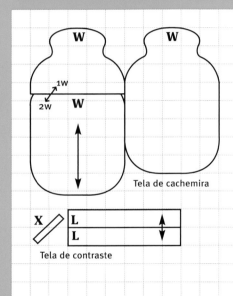

Tela de cachemira

Tela de contraste

trace el patrón

Frontal superior: utilice la pieza W con la línea 1w como borde inferior.

Frontal principal: utilice la pieza W con la línea 2w como borde superior.

Parte trasera: utilice la pieza W, trazando toda la línea de contorno.

corte

Frontal superior: corte 1 de la tela de cachemira.

Frontal principal: corte 1 de la tela de cachemira.

Parte trasera: corte 1 de la tela de cachemira.

Ribete: corte 2 × L de la tela de contraste.

Lazo inferior: corte 1 × X de la tela de contraste al bies.

sugerencia

EL PATRÓN ES DE UN TAMAÑO ESTÁNDAR, PERO COMPRUEBE QUE LA BOLSA DE AGUA ENCAJE HOLGADAMENTE ENTRE LAS LÍNEAS DE LA COSTURA, CON AL MENOS UN MARGEN ADICIONAL DE 2 CM. AUMENTE LA LONGITUD O LA ANCHURA SI ES NECESARIO PARA CONSEGUIR UN ENCAJE PERFECTO.

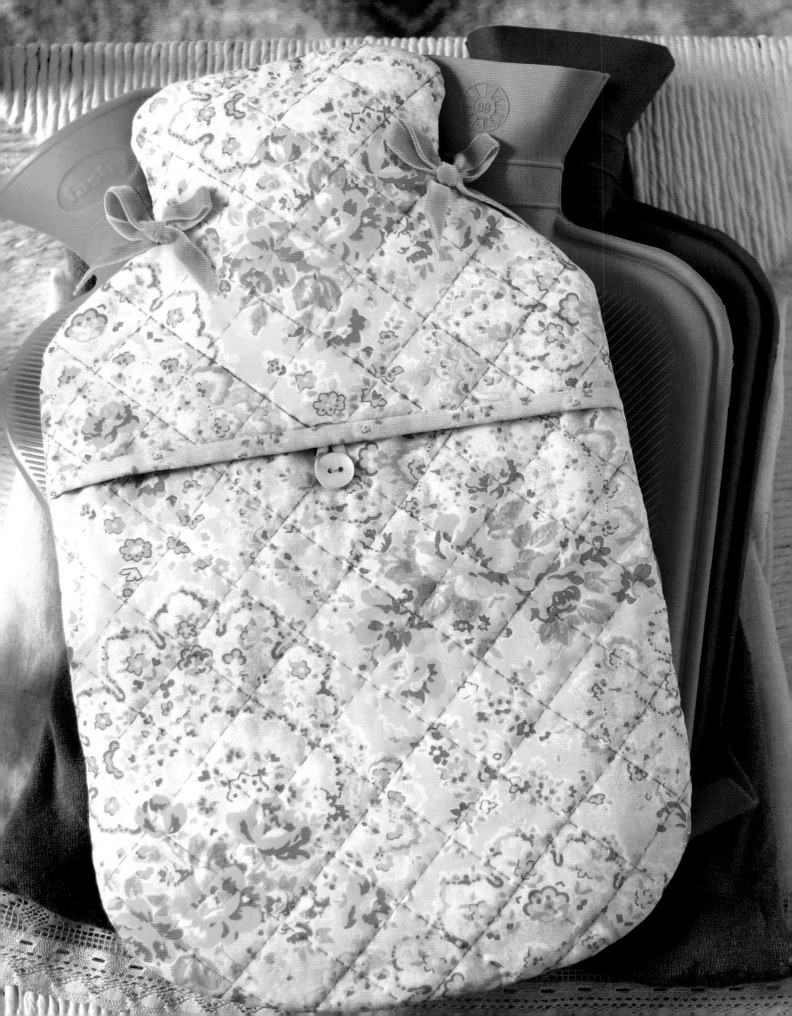

Bolsa de agua acolchada

1 Encontrará todo lo que necesita saber sobre acolchado a mano en la sección inicial de información básica (consulte la pág. 29 para los dos pasos siguientes). Empiece trazando un entramado diamante de 3 mm en el derecho de cada una de las tres piezas de la funda.

2 Corte una pieza de entretela de algodón y una de tela de refuerzo. Ambas serán ligeramente más grandes que la pieza principal. Ensamble las tres capas, acolche siguiendo las líneas y por los bordes exteriores, y luego recorte. Prepare las otras dos partes delantera y trasera superior de la misma manera.

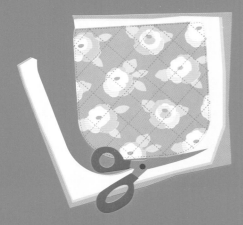

3 Remate los costados rectos de los dos paneles frontales con las tiras de contraste, tal como aparece en la pág. 20.

4 Consulte la pág. 25 para más información sobre cómo hacer un ojal ribeteado a partir de una tira al bies. Recórtela a unos 6 cm y doble por la mitad para formar un lazo. Cosa ambos extremos por el envés del panel delantero superior, a medio camino por el borde recto.

5 Coloque el panel trasero con el derecho hacia arriba sobre la superficie de trabajo. Coloque el panel frontal superior cara abajo y por la parte superior de modo que los bordes curvos queden bien alineados. Coloque el panel frontal sobre ambos de manera que encajen los bordes inferior y lateral.

6 Una las tres piezas por el borde exterior.

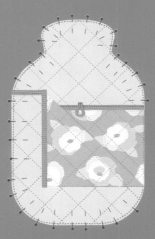

Embaste y cosa a máquina, dejando un margen de costura de 1 cm. Recorte y haga una muesca en las curvas (*véase* pág. 23); luego vuelva la tela y dé forma a las curvas.

7 Corte el lazo por la mitad y añada cada pieza formando un pequeño lazo. Corte los extremos en ángulo recto y cosa uno a cada lado del cuello de la bolsa. Cosa el botón al centro del panel central, justo por debajo del ojal.

sugerencia

ESTE PROYECTO ES UNA FORMA EXCELENTE DE APRENDER A ACOLCHAR A MANO, PERO SI NO LE APETECE TENER QUE COSER TANTO, PUEDE CORTAR LA ENTRETELA DE ALGODÓN Y EL REFUERZO DEL MISMO TAMAÑO QUE LAS TRES PIEZAS DE LA FUNDA Y DEJAR UNA CUBIERTA MÁS SENCILLA PERO ACOLCHADA.

Gorro de baño

material

- cuadrado de 60 cm de estampado floral
- cuadrado de 60 cm de tela impermeable
- 2 m de ribete al bies
- 2 m de encaje estrecho
- 1 m de elástico de gorros
- 2 imperdibles pequeños
- hilo de coser a juego
- kit de costura
- máquina de coser

NIVEL DE DIFICULTAD

Este gorro de baño con estampado floral es tan hermoso que no querrá guardarlo en el armario del lavabo. Es muy sencillo de hacer a partir de un círculo sorprendentemente largo y fruncido de algodón de dril o tela más ligera de algodón. Luego se forra con tela impermeable y se adorna con una punta inglesa.

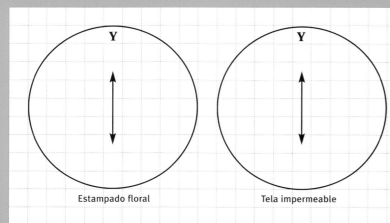

Y — Estampado floral

Y — Tela impermeable

corte

Gorro: corte 1 × Y del estampado floral.

Forro: corte 1 × Y de tela impermeable.

1 Sujete el forro con alfileres al envés del gorro y ensamble ambas partes por todo el contorno de la circunferencia.

2 Abra un pliegue del ribete al bies y gire por debajo a 1 cm del extremo. Uniendo ambas caras, embaste el ribete por todo el contorno de manera que el borde no doblado quede sobre el extremo del gorro. Encontrará detalles sobre cómo hacerlo en la pág. 21.

3 Recorte el otro extremo del ribete a 1 cm cuando ya haya completado todo el contorno y dele la vuelta de manera que los dos extremos queden bien unidos. Vuelva a doblar el margen de la costura a 3 mm.

4 Gire el extremo doblado del ribete por el envés y cosa el pliegue con punto invisible por la línea curva de la costura.

5 Cosa el costado recto de la punta al derecho del gorro por el borde inferior del ribete de manera que el lado serrado de la punta mire hacia fuera. Recorte y cosa los dos extremos.

6 Sujete el elástico con un imperdible. Utilice otro para cerrar el extremo suelto del elástico cerca de la abertura del ribete de modo que no desaparezca cuando frunza el gorro.

7 Haga pasar el elástico por la hendidura y alrededor del ribete, tirando de él a medida que vaya avanzando. Compruebe que le quepa bien en la cabeza, luego haga un nudo y cosa los extremos. Recorte a 2 cm y deslice el nudo de manera que quede oculto dentro del ribete.

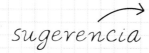

sugerencia → UTILICÉ UNA TELA DE CORTINA DE BAÑO PARA CONFECCIONAR EL FORRO IMPERMEABLE (¡AUNQUE NO HERMÉTICO!) PARA EL GORRO: ES MÁS SUAVE Y CÓMODO DE LLEVAR QUE OTRAS TELAS CON UN ACABADO DE PLÁSTICO.

Estuche de agujas y acerico

material

- 40 × 35 cm de algodón de dril de estampado floral
- cuadrado de 30 cm de fieltro
- fliselina
- tarjeta fina
- tijeras dentadas
- broche de presión
- 25 cm de cinta estrecha
- relleno de poliéster para juguetes
- hilo de coser a juego
- kit de costura
- máquina de coser

plantilla

Corazón pequeño (*véase* pág. 157)

NIVEL DE DIFICULTAD

Si tiene ganas de coser, necesitará una variedad de agujas para la costura sencilla, el bordado y el acolchado. Guárdelas en las páginas de este práctico libro y luego confeccione el adorable acerico a juego. No clave las agujas en el acerico porque podrían desaparecer en el relleno.

Z

Tarjeta fina

4Z

Estampado floral

1Z **2Z** **3Z**

Fieltro

corte

Tapa del estuche de agujas: corte 1 × Z de la tarjeta fina y 1 × Z del estampado floral de algodón de dril, más 1 cm por el contorno.

Páginas del estuche de agujas: corte 1 × 1Z, 1 × 2Z y 1 × 3Z del fieltro con las tijeras dentadas.

Lengüeta: corte 2 × 4Z del estampado floral de algodón de dril.

1 Para hacer el acerico, trace la plantilla del corazón por el envés de la tela floral. Corte a grandes rasgos y a 1 cm de la línea. Corte otra pieza de tela del mismo tamaño y únalas con los derechos encarados.

2 Cosa a máquina el contorno, dejando un espacio de 4 cm en un costado recto. Doble el margen a 6 mm, luego recorte y haga muescas tal como aparece en la pág. 23. Planche el margen por ambos lados de la hendidura y vuelva el derecho.

3 Inserte el relleno que haya elegido al acerico, introduciéndolo firmemente por la ranura. Ciérrela con punto invisible.

4 Haga un lazo de terciopelo y recorte las puntas en forma de cola de pez. Cosa el lazo en la parte central superior del acerico en forma de corazón.

sugerencia

PUEDE USAR RELLENOS ALTERNATIVOS PARA EL ACERICO, COMO EL SERRÍN, PELUSILLA LIMPIA DE OVEJA (QUE CONTIENE LANOLINA NATURAL), GRANOS DE CAFÉ PARA EVITAR LA HERRUMBRE, Y ARENA O POLVOS DE ESMERIL PARA UNA TEXTURA DE COJÍN MÁS FIRME Y UNAS PUNTAS MÁS RÍGIDAS.

Estuche de agujas y acerico

1 Para hacer el estuche de agujas, corte un rectángulo de fliselina 1 cm más largo en cada lado que la cubierta de cartulina. Plánchela al tejido floral y recorte por el borde. Retire el papel de fondo.

2 Coloque la tela en la tabla de planchar con la fliselina boca arriba y luego deje la tarjeta en la parte central superior.

3 Doble los bordes de la tela sobre la tarjeta, planchándolos suavemente hacia abajo con la punta de la plancha. Ahora doble las esquinas y planche cada una de ellas de modo que las esquinas queden bien ensambladas.

4 Dé la vuelta al forro, protegiendo la superficie con un trozo de tela sobrante; plánchela suavemente de modo que se funda con la cartulina. Cosa la mitad agujereada del broche de presión por la mitad del lado derecho, a unos 2 cm del costado.

5 Cosa la otra mitad del broche al borde redondeado de una lengüeta a mano derecha. Embaste y cosa a máquina las dos lengüetas por los costados largos y curvos, dejando un margen de costura de 5 mm. Haga unas muescas en el margen del borde redondeado y dé la vuelta a la tela.

6 Trace el contorno del forro (1Z) en la fliselina. Córtelo dejando espacios en el contorno y luego plánchelo sobre el fieltro. Recorte por la línea del lápiz con tijeras dentadas.

7 Coloque las otras dos páginas en la parte central superior y cósalas a máquina hasta el centro. Retire el papel de refuerzo de la primera página y luego plánchelo sobre el forro.

sugerencia

Bolsa de tejer

NIVEL DE DIFICULTAD

El *patchwork* hexagonal, con su diseño característico en panal de abeja, era muy popular en la época victoriana y volvió a renacer en los años setenta, cuando se utilizó para crear numerosos edredones y cojines. Ha llegado el momento de volver a recuperar esta laboriosa técnica manual: empiece con esta útil bolsa de tejer.

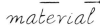

material

- selección de telas de algodón ligero de vestir
- sobres viejos y papel
- 55 × 125 cm de estampado floral
- 2 asas redondas de bolsa
- hilo de coser
- kit de costura
- máquina de coser

plantilla

Hexágono (*véase* pág. 156)

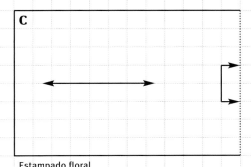

Estampado floral

corte

Forro: corte 1 × C del estampado floral por el doblez.

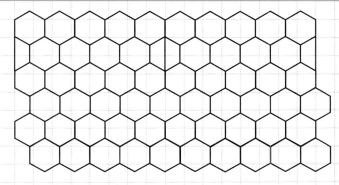

Diseño de los hexágonos y medio hexágonos.

1 Confeccione 60 hexágonos de papel utilizando la plantilla como guía y corte dos de ellos por la mitad de un extremo a otro.

2 Corte una pieza de tela 1 cm más grande que el hexágono. No es necesario ser muy preciso; tan solo asegúrese de que es lo bastante grande como para cubrir la plantilla.

3 Sujete un hexágono con alfileres por el centro en el envés de la tela. Mientras doble un borde y cree un pliegue limpio en cada ángulo; embaste la tela sobrante al papel.

sugerencia

SI DESEA CREAR UN DISEÑO TEMÁTICO, LIMÍTESE A UNA ÚNICA PALETA DE COLOR, TAL COMO HICE YO. PARA UNA APARIENCIA MÁS INFORMAL Y DIVERTIDA, BUSQUE TODO TIPO DE RETALES QUE PUEDA ENCONTRAR: ¡FÍJESE EN LAS FABULOSAS COLCHAS *VINTAGE* DE LAS PÁGS. 104-107 Y ENTENDERÁ LO QUE QUIERO DECIR!

Bolsa de tejer

4 Una los dos primeros parches por su cara derecha y cósalos con punto invisible por dos costados adyacentes. Inserte puntos pequeños y continuos y pase la aguja por la tela, no por los papeles. Cosa dos caras del tercer hexágono en el ángulo formado entre los dos primeros.

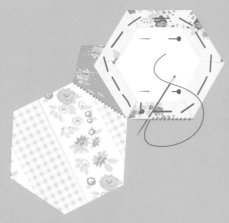

5 Siga añadiendo los 62 parches formando un mosaico según la disposición del diagrama. Cosa los 40 primeros en cuatro hileras desiguales de diez.

6 Cosa medios hexágonos por los extremos de la quinta hilera y, avanzando hacia dentro, añada otros cuatro hexágonos a cada lado y otros dos medios hexágonos en el centro, pero no una estos dos parches.

7 Para la sexta hilera, cosa cinco hexágonos en cada extremo sin unir los dos en el centro.

8 Planche el *patchwork* acabado y dóblelo por la mitad con los derechos encarados. Una los bordes de los hexágonos por los extremos de las tres filas inferiores para confeccionar el bolso.

9 Retire todos los papeles (luego puede reutilizarlos para otro proyecto). Recorte un triángulo hueco de la punta de cada hexágono en las hileras superior e inferior hasta crear puntas rectas, procurando no cortar las costuras.

10 Dé la vuelta a la bolsa de modo que las aberturas queden en los extremos. Una la parte delantera y trasera con alfileres por el borde inferior y cosa a máquina, dejando un margen de costura de 1 cm. Vuelva la tela.

11 Doble el forro a mitad del ancho, con los derechos encarados, y sujete los laterales con alfileres. Deje una costura de 25 cm a partir de la esquina hacia arriba en cada lado, a unos 5 cm del borde. Recorte 10 cm del margen superior. Planche el resto de los márgenes de la costura en ambos lados y luego por debajo de 1 cm de los bordes superiores.

12 Introduzca el forro dentro de la bolsa. Sujete con alfileres y cosa con punto invisible los extremos doblados del *patchwork*. Cosa a máquina el extremo superior de este último al forro por la parte delantera y trasera en el punto en el que convergen.

13 Doble el extremo superior del forro delantero sobre la bolsa, pasándolo por la primera asa. Una el borde doblado con alfileres al *patchwork*, justo por debajo de la línea de los puntos a máquina. Cosa con puntos invisibles y luego repita por la parte de atrás.

sugerencia

EL *PATCHWORK* SURGIÓ EN UNA ÉPOCA EN LA QUE LOS NUEVOS MATERIALES ERAN CAROS Y DIFÍCILES DE ENCONTRAR. MANTENGA LA TRADICIÓN —Y APUESTE POR LA ECOLOGÍA— GUARDANDO TODOS LOS RETALES, ASÍ COMO LAS PRENDAS ANTIGUAS DE LA FAMILIA, PARA CONFECCIONAR SUS HEXÁGONOS.

Estuche de agujas de coser

material

- 45 × 50 cm de estampado floral
- 45 × 55 cm de tela de topos
- 45 cm de cremallera de nailon
- 75 cm de ribete al bies
- hilo de coser a juego
- kit de costura
- máquina de coser

NIVEL DE DIFICULTAD

No se desanime ante la idea de tener que coser una cremallera: no es tan complicado como pueda parecer. Elija una de color rojo vibrante para este estuche largo y fino de agujas de coser, ya que evoca el color de las rosas y ofrece un buen contraste con el ribete de topos.

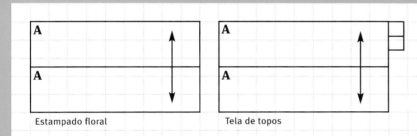

Estampado floral   Tela de topos

corte

Bolsa: corte 2 × A de estampado floral.

Forro: corte 2 × A de la tela de topos.

Cremallera: corte 2 cuadrados de 4 cm de tela de topos.

1 Con los derechos encarados, prenda con alfileres y cosa a máquina un borde largo de una pieza de forro a una pieza de la bolsa, con un margen de 5 mm. Planche la costura alejándose del forro.

2 Doble la línea de la costura con los enveses juntos y planche de modo que 5 mm de forro queden visibles por encima del extremo superior de la bolsa. Recorte el borde inferior de la parte delantera de forma que tenga la misma profundidad que el forro. Una las otras dos piezas de la misma manera.

3 Doble los dos pequeños cuadrados por la mitad. Embaste uno por cada extremo de la cremallera cerrada, con los pliegues mirando hacia dentro. Compruebe la longitud con la de la bolsa y haga los ajustes necesarios.

4 Abra la cremallera. Una la cara de la bolsa a un costado de la cremallera de modo que los dientes queden por debajo del extremo superior. Repita en el otro lado y cierre la cremallera.

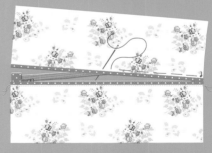

5 Encaje un pie de cremallera y, desde el lado derecho, cosa a máquina la cremallera en la bolsa, unos 3 mm por debajo de la línea de costura. Cosa la cremallera en cada extremo, a 1 cm desde el borde.

6 Doble la bolsa con los derechos encarados de modo que la cremallera quede en el centro. Una los bordes lateral e inferior y luego cosa a máquina dejando una costura de 1 cm. Recorte el margen a 4 mm y añada un ribete (*véase* pág. 20). Vuelva la tela.

sugerencia EL TAMAÑO FINAL DE 43 CM SIGNIFICA QUE ESTA BOLSA ES LO BASTANTE LARGA PARA LA MAYORÍA DE LAS AGUJAS DE GANCHILLO ESTÁNDAR. PERO SI TIENE AGUJAS MUY GRANDES, PUEDE ALARGAR LA BOLSA PARA QUE QUEPAN.

Delantal de niña

material

- cuadrado de 50 cm de algodón de dril
- 40 × 85 cm de algodón de dril de topos
- hilo de coser a juego
- kit de costura
- máquina de coser

plantillas

Corazón grande (*véase* pág. 157)

NIVEL DE DIFICULTAD

No siempre resulta fácil que los niños estén limpios cuando corretean por la cocina, ¡por eso estos dos delantales pueden ayudarle! La versión femenina lleva unos ribetes de contraste, mientras que el dorso de la del niño es más rápida y fácil de hacer. Es perfecta para un proyecto de principiante. Cambie las telas a placer, según sus habilidades con la costura y los gustos de sus hijos.

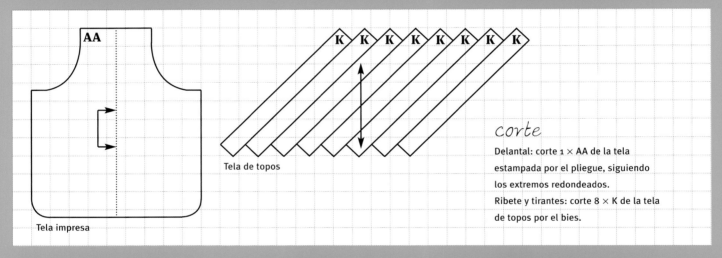

AA

Tela impresa

K K K K K K K K

Tela de topos

corte

Delantal: corte 1 × AA de la tela estampada por el pliegue, siguiendo los extremos redondeados.

Ribete y tirantes: corte 8 × K de la tela de topos por el bies.

1 Encontrará todo lo necesario sobre ribetes al bies en las págs. 20-21. Siga los pasos, una las franjas de topos y luego utilícelas para ribetear el cuello y la mitad inferior del delantal. Cosa 3 mm del borde superior.

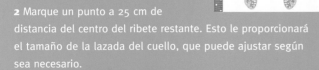

2 Marque un punto a 25 cm de distancia del centro del ribete restante. Esto le proporcionará el tamaño de la lazada del cuello, que puede ajustar según sea necesario.

3 Abra uno de los dobleces del ribete y una la primera marca al extremo izquierdo del cuello, con los bordes sin terminar juntos.

Prenda con alfileres y cosa el ribete al delantal siguiendo las instrucciones para las curvas interiores. Haga lo mismo por el otro costado.

4 Embaste los dos bordes plegados del ribete por la cinta del cuello.

5 Recorte los tirantes a la misma longitud y planche a 1 cm de cada extremo. Embaste los extremos plegados. Empezando por la punta de un tirante y acabando en la otra, cosa todo el ribete por la parte superior a 3 mm del borde.

6 Haga un bolsillo con la tela de topos restante de acuerdo con los pasos 1 y 2 del acerico de la pág. 77. Cosa la ranura con punto invisible, planche y vuelva a coser por el borde superior. Enganche el bolsillo con alfileres al delantal y cosa por los bordes rectos.

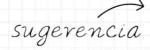

sugerencia → ELIJA UN COLOR DE LA TELA PRINCIPAL QUE PUEDA USAR PARA EL BOLSILLO Y EL RIBETE. YO COMBINÉ LA TELA AZUL DE TOPOS POLCA CON LAS FLORES DE LA FRESA. COMO DETALLE COMPLEMENTARIO; LOS TOPOS EVOCAN LAS FORMAS DE LAS SEMILLAS DE ESTE DELICIOSO FRUTO ROJO.

Delantal de niño

material

- 60 × 50 cm de tela estampada ligera de vestir
- 60 × 50 cm de algodón blanco
- 45 × 50 cm de algodón rojo
- fliselina
- hilo de bordado de colores a juego
- 2 hebillas
- hilo de coser a juego
- kit de costura
- máquina de coser

NIVEL DE DIFICULTAD

Confeccione este delantal para el vaquero más joven de la familia, porque incluso los tipos más duros tienen que ir limpios de vez en cuando. Las costuras curvas, como las de un babero, pueden ser un poco difíciles si tiene que subir un dobladillo o ribetearlas. Pero este delantal está diseñado de tal manera que evita cualquier técnica complicada. ¡Yupi!

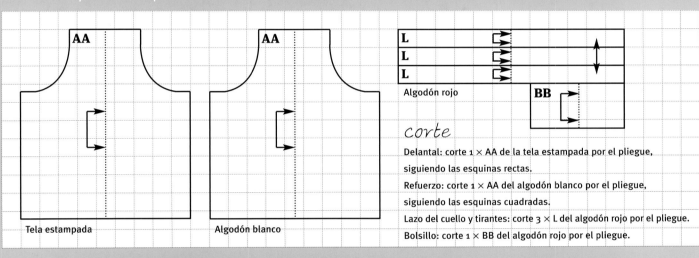

Tela estampada

Algodón blanco

Algodón rojo

corte

Delantal: corte 1 × AA de la tela estampada por el pliegue, siguiendo las esquinas rectas.

Refuerzo: corte 1 × AA del algodón blanco por el pliegue, siguiendo las esquinas cuadradas.

Lazo del cuello y tirantes: corte 3 × L del algodón rojo por el pliegue.

Bolsillo: corte 1 × BB del algodón rojo por el pliegue.

1 Prenda el ribete con alfileres por los bordes lateral e inferior de modo que los derechos queden encarados. Cosa las costuras juntas a 1 cm del borde, dejando el cuello abierto. Recorte las esquinas y haga muescas en las líneas curvas (*véanse* págs. 22-23). Vuelva la tela. planche el margen de la costura por el cuello y cosa los extremos con punto invisible.

2 Suba un dobladillo doble de 1 cm por la parte superior del bolsillo y cosa ambos costados: este quedará en la parte delantera. Planche una costura de 1 cm por los otros costados de modo que la tela quede del revés.

3 Planche el bolsillo a mitad del largo para marcar el centro. Corte unos cuantos motivos de los retales y aplíquelos con fliselina (*véase* pág. 28). Remate cada forma con puntos rectos. Borde las lazadas con punto de cadeneta y haga la hierba con puntos rectos.

4 Cosa el bolsillo donde corresponda y añada una línea de puntadas por el centro.

5 Convierta dos tiras rojas en tirantes, tal como se explica en la pág. 27. puliéndolas en cada extremo. Cosa una a cada lado del delantal con puntos de refuerzo decorativos.

6 Corte 10 cm de la tercera tira y haga un tirante con cada pieza. Haga pasar los tramos cortos por las dos hebillas. Doble por la mitad y cosa los extremos a la esquina izquierda del cuello, al igual que antes. Cosa el otro tirante a la esquina derecha y haga pasar la punta por los anillos.

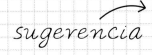

sugerencia

LA TIRA CÓMICA CON MOTIVOS DE VAQUEROS ES DIVERTIDA DE HACER Y DE LLEVAR. SI QUIERE UN DELANTAL MÁS FEMENINO, PUEDE HACER ESTE MISMO BOLSILLO CON HOJAS Y FLORES ESTAMPADAS O UTILIZAR UNO DE LOS MOTIVOS DEL APÉNDICE DE ESTE LIBRO PARA UN DISEÑO MÁS SENCILLO.

Retrato de Stanley

material

- fliselina
- 35 x 45 cm de tela roja de estrellas
- 20 x 80 cm de tela azul de topos
- retales de tela de flores y de tela verde
- botón pequeño
- hilo de coser correspondiente
- 1 m de tubo de cable
- 18 x 26 cm de tabla de madera, acolchada con algodón en una cara
- martillo y tachuelas o pistola de grapas
- kit de costura

NIVEL DE DIFICULTAD

Mi terrier Stanley se ha convertido en una especie de icono del diseño por derecho propio. Incluso tiene su propia tela, a la que llamamos «Mini Stanley». Este retrato de aplicaciones planchada se basa en uno de los motivos de ese estampado y muestra al perro luciendo orgullosamente su mejor prenda floral *vintage* y un collar de topos.

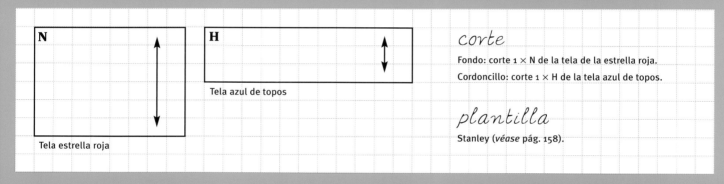

N

Tela estrella roja

H

Tela azul de topos

corte

Fondo: corte 1 × N de la tela de la estrella roja.

Cordoncillo: corte 1 × H de la tela azul de topos.

plantilla

Stanley (*véase* pág. 158).

1 Trace el contorno de Stanley en fliselina, invirtiendo la imagen si quiere que mire hacia la derecha. Siguiendo los pasos de la pág. 28, córtelo de la tela azul de topos y plánchelo en el centro sobre la tela roja.

2 Añada una oreja a juego y luego cree el collar de tela también moteada y el abrigo a partir del estampado floral. Cosa el botón a modo de ojo.

3 Coloque el rostro acabado de aplicación hacia abajo y el bloque de madera en la parte superior, asegurándose de que quede centrado en relación con el resto de Stanley. Vuelva el extremo superior y embástelo o grápelo a la madera. Ahora, dé la vuelta al otro lado, tirando ligeramente de él y arreglando también esa parte. Fije los laterales del mismo modo.

4 Para aplicar el cordoncillo, cosa la franja de tela de topos a mitad de largo y corte el pliegue. Cosa ambas piezas y alise la costura con la plancha. Luego cubra el cordoncillo tal como se muestra en la pág. 23.

5 Ensamble el cordoncillo por el costado del bloque cubierto, dando toda la vuelta, y grape o embaste la tela suelta por la parte de atrás.

sugerencia

BUSQUE UN MARCO ANTIGUO TALLADO COMO ALTERNATIVA PARA EXPONER EL CUADRO: NO IMPORTA QUE LE FALTE EL CRISTAL O QUE TENGA ALGUNAS MUESCAS O TARAS, YA QUE SIEMPRE PUEDE RESTAURAR LA MADERA CON UNA CAPA O DOS DE PINTURA.

Móvil de pájaros

material

- cuadrado de 45 cm de tela con estampado mini
- retales de otras telas
- relleno de poliéster para juguetes
- cuentas negras *rocaille* de 3 mm
- hilo blanco resistente para cuentas
- 2 ramitas de jardín de 25 cm
- anilla de cortina
- hilo de coser a juego
- kit de costura
- máquina de coser

NIVEL DE DIFICULTAD

Mezcle y combine sus retales para confeccionar estos pajaritos móviles, modificando sus alas y cuerpecitos. Los estampados pequeños siempre funcionan, así que elegí tres de mis preferidos: rosas, flores y estrellas. Luego le añadí uno de rosas de cachemira de la misma paleta de colores.

corte

Ribete: corte 1 × K del estampado floral, por el bies.
Corte la franja a mitad de largo.

plantilla

Pajarito (*véase* pág. 159).

1 Dibuje el contorno del cuerpo del pájaro y las alas sobre el papel, y corte. Trace la plantilla del cuerpo en el envés de un retal. Corte de forma aproximada y, con los lados derechos encarados, una con alfileres una segunda pieza de la misma tela. Embaste cerca del contorno.

2 Cosa por el contorno, dejando una separación de 3 cm por la parte trasera. La imagen del pájaro de lavanda de la pág. 65 le mostrará cómo hacerlo.

3 Corte dejando un margen de costura de 6 mm. Planche dicho margen por la abertura, luego recorte y haga muescas en las curvas. Vuelva la tela, rellene el juguete y cierre la abertura con punto invisible. Aplique una cuenta a ambos lados de la cabeza a modo de ojos.

4 Haga dos alas de la misma manera. Vuelva la tela, planche y cosa el pajarillo con punto invisible.

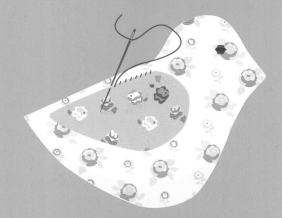

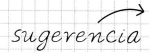
sugerencia

IMPRIMA PERSONALIDAD A CADA ANIMALITO VARIANDO LA POSICIÓN DE LOS HILOS Y DE LOS ÁNGULOS DESDE LOS QUE SE COSEN LAS ALAS.

Móvil
de pájaros

5 Una cada palo con un ribete al bies, envolviéndolo en diagonal y cosiendo los extremos. Júntelos formando una cruz y una el centro con hilo o una franja muy estrecha de tela. Unos cuantos puntos, aplicados en los ribetes, mantendrán la posición de las varillas.

6 Una un tramo de 30 cm de hilo de cuentas al extremo de cada brazo de la cruz y haga un nudo con el hilo suelto de las puntas. Ate los extremos a la anilla y repase con las tijeras.

7 Una un tramo de hilo de cuentas a la parte trasera de cada pájaro. Cosa los extremos sueltos al centro y puntas de la cruz. Cuelgue cada uno de ellos a longitudes distintas, asegurándose de que el pájaro central esté enganchado al hilo más largo.

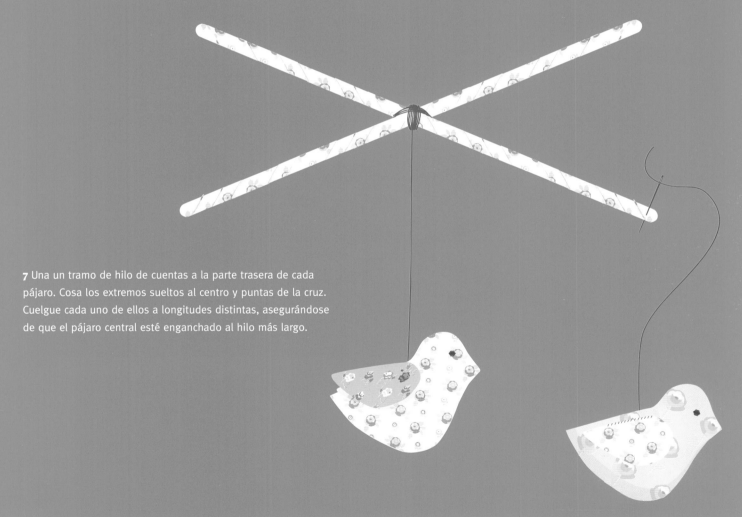

sugerencia → LOS PÁJAROS LLAMARÁN LA ATENCIÓN DE TODO AQUEL QUE LOS VEA. POR MOTIVOS DE SEGURIDAD, MANTENGA EL MÓVIL LEJOS DEL ALCANCE DE LOS MIEMBROS MÁS PEQUEÑOS DE SU FAMILIA.

Stanley de juguete

NIVEL DE DIFICULTAD

Este Stanley es uno de los proyectos más pequeños del libro, pero ¡debo reconocer que se trata de mi favorito! Está cosido completamente a mano y puede hacerse en una tarde. El estampado de mascotas resultaba idóneo, aunque puede variar la apariencia del diseño con topos a ambos lados o flores pequeñas.

material

- cuadrado de 20 cm de tela estampada
- 20 cm de tela azul de topos
- 1 m de cenefa roja
- botón diminuto
- retales de fieltro rojo y verde
- hilo verde de bordar
- relleno
- kit de costura

plantilla

Stanley (*véase* pág. 158).

1 Corte una plantilla de Stanley de papel. Sujétela con alfileres por el envés de la tela estampada de modo que la nariz señale a la izquierda. Doble la costura a unos 5 mm, luego recorte unas muescas y enganche tal como se explica en la pág. 23. Doble el margen de la costura y ensámblelo al papel. Planche y retire el papel.

2 Prepare la parte trasera del mismo modo, con Stanley mirando hacia la derecha. Cosa la cenefa con punto invisible por el contorno de manera que la onda sobresalga por el pliegue.

3 Una la parte delantera y la trasera con agujas de modo que la cenefa quede entre las dos. Cósalas, dejando una hendidura en la barriga de Stanley. Inserte el relleno elegido en el cuerpo de la mascota, una cucharadita cada vez, y luego cierre la hendidura.

4 Corte la plantilla de la oreja y prepare dos formas de la tela estampada para confeccionar el cuerpo. Cósalas con punto invisible y sujételas por el borde superior. Añada una franja estrecha de fieltro a modo de collar.

5 Para confeccionar la etiqueta con el nombre, escriba «Stan» en el fieltro rojo y aplique pequeños pespuntes sobre las letras. Corte utilizando una moneda para conseguir un círculo completo y cosa la etiqueta al collar. Remate añadiendo un pequeño botón que le servirá de ojo a Stanley.

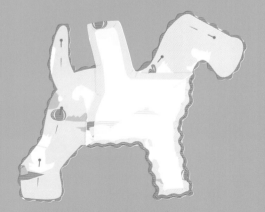

sugerencia LAS PELOTITAS SUELEN ACOLCHARSE CON LENTEJAS O ARROZ PARA QUE TENGAN SU PESO Y TEXTURA CARACTERÍSTICOS. PERO ESTOS RELLENOS NO SOPORTAN LA HUMEDAD, POR LO QUE CONVIENE UTILIZAR UNA ALTERNATIVA, COMO UNAS CUENTAS ESPECIALES DE NAILON QUE ENCONTRARÁ EN TIENDAS ESPECIALIZADAS EN BELLAS ARTES Y MANUALIDADES.

Colcha de cuna

material

- 65 × 140 cm de estampado floral
- 45 × 140 cm de tela rosa de topos
- 55 × 140 cm de tela azul de topos
- 80 × 120 cm de entretela de algodón
- 80 × 120 cm de tela de refuerzo
- kit de costura
- máquina de coser
- aguja doble de máquina de coser (opcional)

plantillas

Elefante (*véase* pág. 157).

Pájaro pequeño (*véase* pág. 159).

NIVEL DE DIFICULTAD

Aquí tenemos de nuevo a los pájaros, esta vez sentados junto a sus amigos, los elefantes, en una encantadora colcha de cuna. El tiempo y la habilidad que requiere una labor de *patchwork* la convierten en una amorosa obra de arte, y por eso esta pieza puede ser un regalo idóneo para un recién nacido. La combinación de colores azul y rosa resulta adecuada tanto para niñas como para niños.

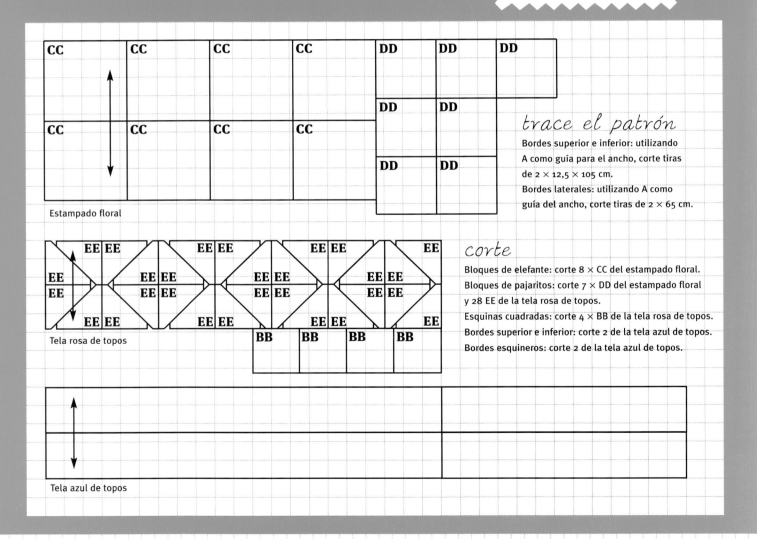

trace el patrón

Bordes superior e inferior: utilizando A como guía para el ancho, corte tiras de 2 × 12,5 × 105 cm.

Bordes laterales: utilizando A como guía del ancho, corte tiras de 2 × 65 cm.

corte

Bloques de elefante: corte 8 × CC del estampado floral.

Bloques de pajaritos: corte 7 × DD del estampado floral y 28 EE de la tela rosa de topos.

Esquinas cuadradas: corte 4 × BB de la tela rosa de topos.

Bordes superior e inferior: corte 2 de la tela azul de topos.

Bordes esquineros: corte 2 de la tela azul de topos.

sugerencia → SEGÚN SUS HABILIDADES Y PACIENCIA, PUEDE PASAR POR ALTO EL PUNTO GEMELO Y EL DE CRUZ, Y COSER A MANO TODA LA SUPERFICIE DEL *PATCHWORK*, TRAZANDO CADA UNO DE LOS BLOQUES Y, SI DISPONE DE TIEMPO PARA ELLO, LOS ELEFANTES Y PÁJAROS.

Colcha
de cuna

El margen de costura en toda la labor es de 1 cm.

1 Corte ocho elefantes de fliselina a partir de la tela de topos azul, cuatro mirando a la derecha y otros cuatro hacia la izquierda. Plánchelos de manera que queden centrados en los cuadrados grandes. Añada colas azules, orejas rosas y ojos. Cósalos con punto continuo e hilo a juego. Borde los ojos con puntos de cruz negros.

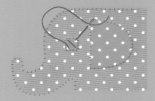

2 Añada un pajarito azul a cada uno de los cuadros pequeños, tres de cara a la derecha y cuatro de ellos mirando hacia la izquierda. Añada un ala rosa a cada uno de ellos y un ojo bordado. Cosa un triángulo rosa a cada lado del cuadrado y planche las costuras hacia dentro.

3 Con los derechos encarados, una los bloques en cinco hileras de tres: tres hileras con los elefantes en la parte exterior, mirando hacia dentro, y las dos restantes con los pájaros hacia fuera, mirándose entre sí. Cosa a máquina.

4 Planche todas las costuras hacia los bloques de elefante y luego una las cinco hileras haciendo casar las costuras. Inserte la aguja gemela a la máquina de coser y cosa una línea de puntos dobles sobre cada costura larga.

5 Cosa los bordes laterales al edredón y planche las costuras en abierto. Cosa los cuatro cuadrados de topos que faltan a cada extremo de los bordes superior e inferior. Cosa las costuras en abierto, luego sujete con alfileres y cosa, casando las costuras en los cuadrados de la esquina.

6 Planche las costuras en abierto y cosa a máquina por los bordes superior e inferior del *patchwork*, igual que antes. Planche un doblez de 1 cm a lo largo de cada borde exterior.

7 Extienda el edredón con el derecho mirando hacia arriba. Coloque la entretela de algodón en el centro, con la tela de refuerzo sobre la parte superior. Cosa las tres capas. Vuelva la tela y cosa con punto de cruz las esquinas de cada bloque para asegurar las capas.

8 Acabe dando la vuelta a la tela sobrante de la parte de atrás, doblando las esquinas. Sujete con alfileres y cosa el pliegue con punto invisible a la tela de refuerzo.

sugerencia

CUALQUIER COSA QUE ESTÉ EN CONTACTO CON BEBÉS Y NIÑOS PEQUEÑOS DEBERÁ LAVARSE A MENUDO. NO SE OLVIDE DE LAVAR Y PLANCHAR EL TEJIDO CON ANTELACIÓN PARA EVITAR QUE SE ENCOJA O SE DESCOLORE DESPUÉS.

Colcha con corazones

material

- 145 × 140 cm de algodón blanco
- 65 × 125 cm de estampado floral para el costado
- 75 × 140 cm de cada uno de los tres tipos distintos de tela estampada
- 150 × 180 cm de tela estampada para el refuerzo (una según sea necesario)
- 150 × 180 cm de entretela de algodón
- 3 m × 44 cm de ancho de fliselina
- imperdibles de acolchado
- hilo para acolchados
- hilo de coser a juego
- kit de costura
- máquina de coser

NIVEL DE DIFICULTAD

Confeccionar una colcha de aplicaciones con este asombroso diseño de corazones y flores siempre ha sido una empresa de gran envergadura, pero las técnicas contemporáneas permiten ahorrar mucho más tiempo del que se imagina. Encontrará instrucciones detalladas y precisas sobre las aplicaciones de plancha en la pág. 28.

M	M	M	M	M
M	M	M	M	M

Q
Q
Q
Q
Q

Corte 3

Estampado floral

corte...

Bloques florales: corte 10 × M de algodón blanco siguiendo las esquinas cuadradas.

Bloques de corazones: corte 10 × M de tres telas de distinto estampado siguiendo las esquinas cuadradas.

Franjas del borde: corte 3 × Q y 4 × Q, sobre el pliegue, a partir de una tela estampada.

plantillas

Corazón (*véase* pág. 157); Flor (*véase* pág. 160).

sugerencia EL EDREDÓN ACABADO MIDE 142 × 175 CM, EL TAMAÑO PERFECTO PARA COLOCAR SOBRE UNA CAMA INDIVIDUAL ESTÁNDAR. AÑADA UNA HILERA DE CUADROS O MÁS AL BORDE LATERAL SI QUIERE ENSANCHAR EL EDREDÓN PARA UNA CAMA MÁS GRANDE.

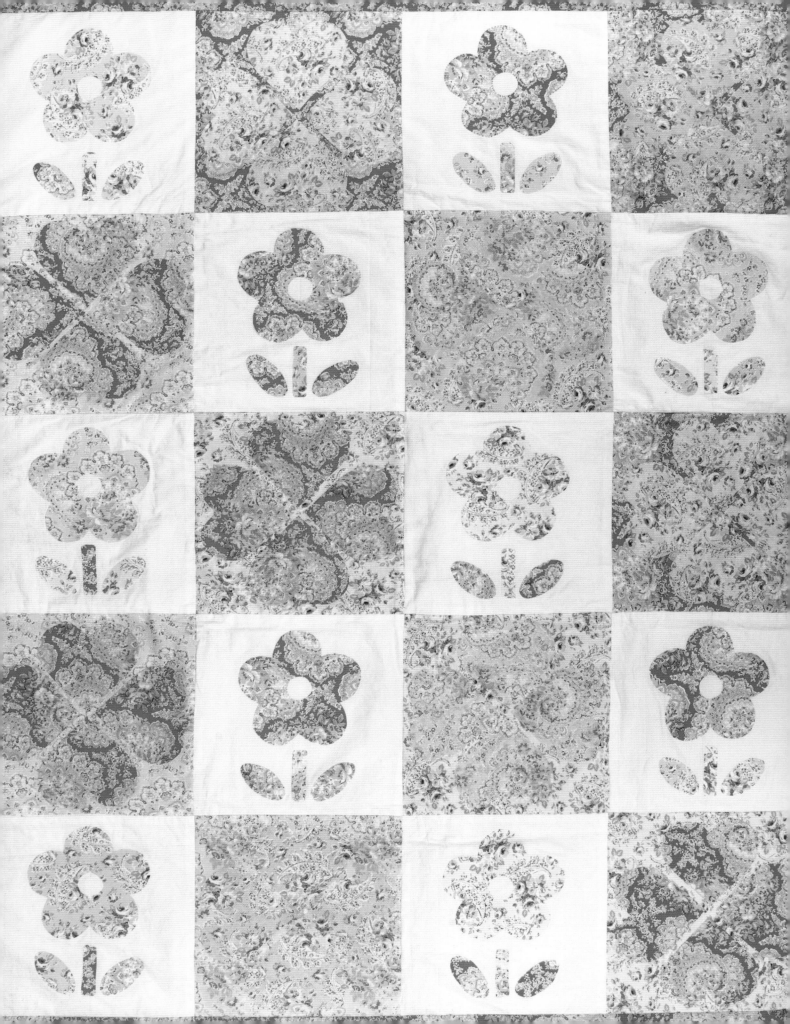

Colcha con corazones

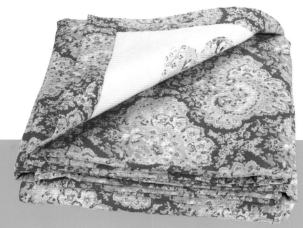

1 Para confeccionar el bloque de flores, corte una flor, dos hojas y un tallo, cada uno de un estampado distinto. Plánchelos sobre un cuadrado blanco. Elija una nueva combinación para cada uno de los diez bloques. Remate los cuadrados con un punto continuo y un hilo a juego.

2 Aplique cuatro corazones a juego a cada cuadrado estampado, colocándolos en el centro y con las puntas mirando hacia arriba. Mezcle y combine los estampados de manera que los diez bloques tengan un aspecto distinto.

3 Cuando alterne los corazones y las flores, disponga los bloques en cinco hileras de cuatro siguiendo un patrón de tablero de damas.

4 Una las hileras horizontales, dejando un margen de costura de 1 cm. Planche todas las costuras en abierto. Sujete las dos hileras superiores con alfileres, haciendo encajar las costuras y luego cosa a 1 cm de la punta. Planche las costuras en abierto. Una las otras tres hileras.

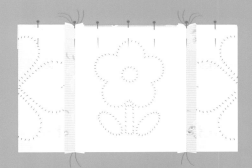

5 Extienda el tejido de refuerzo con el derecho mirando hacia abajo. Introduzca el relleno por la parte superior y luego centre el edredón colocándolo sobre los dos. Empezando desde el centro, prenda con alfileres o embaste las tres capas juntas. Primero avance hacia las cuatro esquinas y luego, hacia el punto medio de cada costado.

6 Ahora aplique una hilera de embastes o alfileres sobre el centro de cada hilera de bloques de modo que acabe con un entramado sobre la superficie y una cruz que una las esquinas. Acabe cosiendo o uniendo con alfileres el borde exterior de la parte superior del edredón.

7 Utilizando hilo para edredón y una aguja corta, cosa cada línea de la costura: las expertas lo llaman «coser en un agujero». Si prefiere coser a máquina, utilice un «pie de caminar» para evitar frunces. Doble las telas de refuerzo y la entretela unos 5 cm en todo el contorno.

8 Con un margen de costura de 1 cm, una todas las franjas de los bordes y alise las costuras. Corte dos tramos de 170 cm de esta franja y planche a 1 cm siguiendo un borde largo de cada uno de los tramos.

9 Con los derechos encarados y los extremos juntos, sujete con alfileres y cosa las franjas laterales de 170 cm a los bordes laterales del *patchwork*, dejando 2 cm de tela superpuesta en la esquina. Planche hacia fuera. Añada dos franjas de 145 cm en los bordes superior e inferior del mismo modo.

10 Sujete con alfileres el borde superpuesto a la parte trasera del edredón y cósalo con punto invisible siguiendo las puntas dobladas.

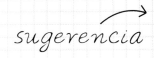

sugerencia ELEGÍ TRES VERSIONES DISTINTAS DE MI ESTAMPADO *VINTAGE* «CACHEMIRA ROSA» PARA CONFECCIONAR ESTE EDREDÓN. ESTA INESPERADA COMBINACIÓN APORTA UN ASPECTO ÚNICO Y SUTIL A LOS BLOQUES DE CORAZONES, DONDE LOS COLORES SE COMBINAN ARMONIOSAMENTE.

Manta con aviones

material

- cuadrado de 160 cm de tela de forro polar
- 2 madejas de hilo rojo de tapiz
- aguja grande crewel de bordado
- 15 × 20 cm de fieltro rojo, verde, azul y amarillo
- fliselina
- hilo a juego
- kit de costura

plantillas

Avión (*véase* pág. 158).

NIVEL DE DIFICULTAD

Trabajar con fieltro gusta a los niños y a los adultos por igual porque es rápido y fácil de utilizar. Viene en brillantes colores primarios y tiene la ventaja de que no se deshilacha aunque se corte de formas complicadas. Esta confortable manta es un fabuloso proyecto para hacer en compañía, y una buena manera de aprender aplicación y costura.

1 Haga un dobladillo doble de 1 cm a todo el borde exterior del cuadrado de la manta.

2 Con una aguja grande crewel e hilo de tapiz, pase una ronda de puntadas para que no se salga el dobladillo.

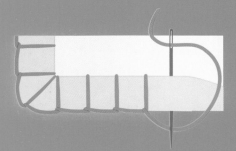

3 Siguiendo los pasos detallados de la aplicación de plancha de la pág. 28, trace las distintas partes de los aviones en la fliselina, invirtiendo uno de los motivos. Puede seguir los colores que utilicé o bien crear sus propias variantes.

4 Primero planche suavemente los cuerpos de los aviones, utilizando un trapo de plancha para proteger la superficie del fieltro y la manta. Añada las ventanas, alas y colas.

5 Termine cosiendo cada figura con puntos pequeños y rectos en un hilo que haga juego con los distintos colores del fieltro.

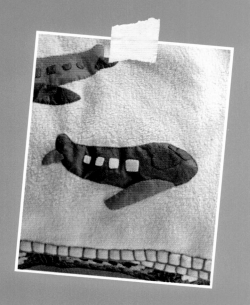

sugerencia

HICE LA APLICACIÓN DE ESTE TRÍO DE AVIONES SOBRE UN FONDO DE MANTA DE LANA SUAVE, PERO TAMBIÉN SE PUEDE DAR VIDA A UNA ANTIGUA MANTA DE LANA O UN CUBRECAMA NORMAL Y CORRIENTE. SI A ALGUIEN DE SU FAMILIA LE GUSTAN LOS AVIONES, PUEDE AÑADIR TODA UNA FLOTILLA A UN CONJUNTO DE COJINES A JUEGO.

Cojín bonete

material

- 1 m × 130 cm de calicó
- 7 litros de cuentas
  de poliestireno
- 1 m × 130 cm de tela de algodón
  estampado
- cremallera de 30 cm
- 15 × 25 cm de tela de topos
- hilo de coser a juego
- kit de costura
- máquina de coser

NIVEL DE DIFICULTAD

Este cojín tiene un asa ideal para un bebé que empieza a caminar. De este modo, podrá arrastrarlo de un lado a otro o sentarse sobre él. Como la funda se ensuciará, lleva una cremallera para sacarla sin problemas.

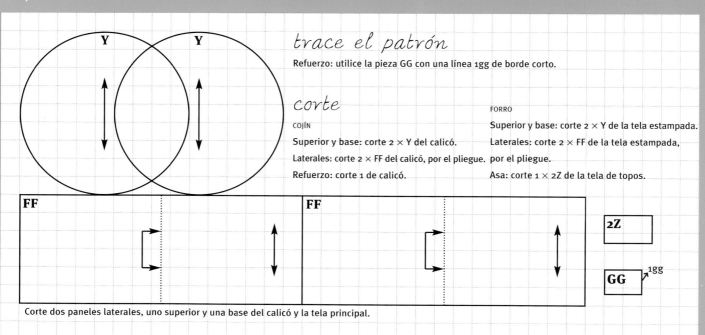

trace el patrón

Refuerzo: utilice la pieza GG con una línea 1gg de borde corto.

corte

COJÍN

Superior y base: corte 2 × Y del calicó.

Laterales: corte 2 × FF del calicó, por el pliegue.

Refuerzo: corte 1 de calicó.

FORRO

Superior y base: corte 2 × Y de la tela estampada.

Laterales: corte 2 × FF de la tela estampada, por el pliegue.

Asa: corte 1 × 2Z de la tela de topos.

Corte dos paneles laterales, uno superior y una base del calicó y la tela principal.

El margen de la costura es de 2 cm en toda la labor.

1 Una los bordes cortos de los laterales de calicó, dejando un hueco de 20 cm en una costura. Planche las costuras en abierto y doble el margen sin coser. Añada la parte superior y la base, tal como figura en la pág. 23. Vuelva la tela, llene de cuentas y tape la abertura.

2 Haga el asa tal como figura en la pág. 27; luego una los extremos y planche la costura en abierto. Sujete con alfileres al centro de la parte superior del forro en el lado derecho. Una el refuerzo al envés, directamente detrás del asa. Cosa esta última a máquina.

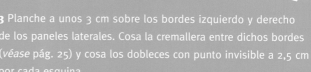

3 Planche a unos 3 cm sobre los bordes izquierdo y derecho de los paneles laterales. Cosa la cremallera entre dichos bordes (*véase* pág. 25) y cosa los dobleces con punto invisible a 2,5 cm por cada esquina.

4 Abra la cremallera y añada la parte de arriba y la de abajo. Vuelva los derechos y planche. Inserte el cojín y cierre la cremallera.

sugerencia METER EL COJÍN LLENO DENTRO DEL FORRO PUEDE RESULTAR DIFÍCIL, PERO LE PROMETO QUE AL FINAL ENTRARÁ. VAYA MOVIENDO LAS CUENTAS Y ASEGÚRESE DE QUE EL COJÍN QUEDE RECTO.

Bolsa de lona

NIVEL DE DIFICULTAD

Dsede el equipo de deporte hasta los libros del colegio o la ropa de vacaciones, lo cierto es que siempre hay que acarrear un montón de cosas de un lado a otro. Facilíteles la vida a los suyos con esta espaciosa bolsa de lona que gustará incluso a los pequeños de gustos más exigentes.

material

- 50 × 110 cm de algodón de dril estampado
- cuadrado de 30 cm de tela de rayas
- cuadrado de 20 cm de fieltro rojo
- retales de fieltro verde y azul
- fliselina
- 1 m de cordón grueso de algodón
- hilo de coser a juego
- kit de costura
- máquina de coser

plantilla

Elefante (*véase* pág. 157).

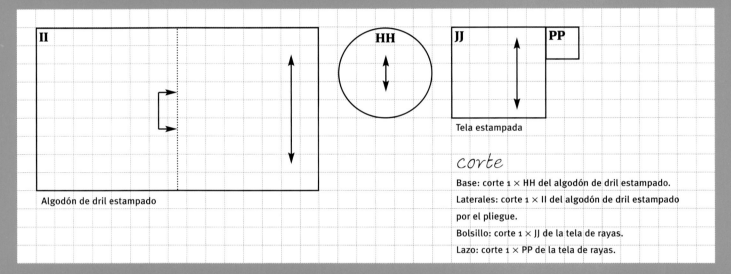

Algodón de dril estampado

Tela estampada

corte

Base: corte 1 × HH del algodón de dril estampado.

Laterales: corte 1 × II del algodón de dril estampado por el pliegue.

Bolsillo: corte 1 × JJ de la tela de rayas.

Lazo: corte 1 × PP de la tela de rayas.

El margen de la costura es de 1,5 cm en toda la labor.

1 Tal como se explica en la pág. 28, aplique el motivo de fieltro al bolsillo y remate las piezas con punto de satén. Yo añadí una tela verde al diseño básico para que encajara con el diseño circense del elefante.

2 Cosa un dobladillo doble de 1 cm por la parte superior del bolsillo y luego a 1 cm por los otros tres costados.

3 Cosa en zigzag los costados del panel lateral. Cosa el bolsillo en el centro, a 10 cm del borde inferior. Refuerce las costuras en las esquinas superiores con puntadas adicionales.

4 Marque un punto de 10 cm desde el extremo superior a cada borde lateral. Planche un doblez de 1 cm y luego de 5 cm sobre el borde superior. Deshaga el segundo doblez y, con los derechos encarados, una los laterales desde las marcas a la esquina inferior. Cosa a máquina esta parte de la costura, reforzando ambos extremos, y planche en abierto.

SI QUIERE UNA VERSIÓN MÁS PEQUEÑA DE ESTA BOLSA, TAL VEZ PARA UN NIÑO DE POCOS AÑOS, PUEDE ADAPTAR SIN PROBLEMA EL PATRÓN DEL COJÍN. REDUZCA EL ANCHO DEL RECTÁNGULO A LA ALTURA DESEADA, ACORDÁNDOSE DE INCLUIR UNOS 6 CM ADICIONALES PARA LA CUBIERTA.

Bolsa
de lona

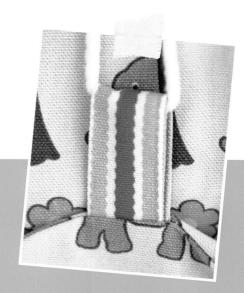

5 Vuelva a doblar el borde y únalo a la esquina superior de la bolsa para preparar el forro. Cosa el pliegue a máquina.

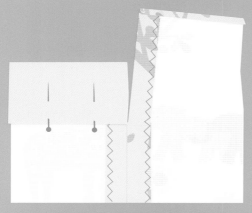

6 Doble la tela del lazo por la mitad, planche los lados hasta el fruncido del centro y añada puntadas en la parte superior. Pliegue a mitad de ancho y una ambos costados por la parte inferior derecha.

7 Recorte la base circular y los laterales siguiendo las instrucciones de la pág. 23. Sujete con los derechos encarados.

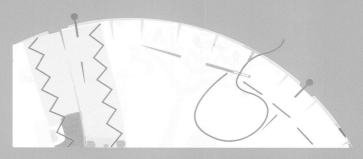

8 Cosa con dos rondas de punto de máquina. Remate el margen hasta dejarlo a 8 cm y cosa en zigzag para pulir. Vuelva la tela de la bolsa.

9 Una la punta del cordón a un imperdible y páselo por la base del cordón. Saque la aguja por el lazo del hilo y luego cosa los extremos del cordón.

sugerencia → DECORÉ EL BOLSILLO CON UN ELEFANTE DE COLORES BRILLANTES QUE COMBINABA CON LA TELA QUE ELEGÍ PARA LAS BOLSAS. SI QUIERE UTILIZAR UN MOTIVO DISTINTO, PUEDE ELEGIR ENTRE LA FLOR, EL PÁJARO O EL AVIÓN COMO ALTERNATIVAS.

Bolso

material

- 60 × 70 cm de algodón de dril
- hilo de coser a juego
- 3 botones de 2 cm
- hilo de bordado a juego
- kit de costura
- máquina de coser

NIVEL DE DIFICULTAD

Este bolso pequeño y versátil tiene el tamaño perfecto para llevar sus efectos personales tanto durante el día como por la noche. Los botones permiten ajustar la longitud de la tira. Yo decidí darle un aire *vintage* y gastado por efecto del lavado y secado para suavizar la tela nueva.

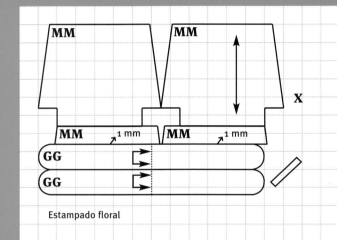

Estampado floral

trace el patrón

Cara: utilice la pieza MM con la línea 1 mm como borde inferior.

corte

Delantero y posterior: corte 2 × MM.

Cara: corte 2.

Tira: corte 2 × GG sobre el pliegue.

Lazo del botón: corte 1 × X sobre el bies.

El margen de la costura es de 1 cm en toda la labor.

1 Cosa en zigzag los bordes lateral e inferior de la parte delantera y trasera. Prenda con alfileres y luego ensamble las dos piezas por dichos bordes y con los derechos encarados.

2 Planche las costuras en abierto. Una las esquinas de manera que formen una intersección, tal como se describe en la pág. 22. Pula el margen de la costura y vuelva la tela.

3 Haga el ojal siguiendo las instrucciones de la pág. 25. Déjelo a 8 cm y cosa las puntas para formar un lazo. Con los bordes alineados y el ojal mirando hacia abajo, cosa los bordes de este último a la parte central superior de la cara de atrás por el derecho.

sugerencia SI NO LE IMPORTA HACER OJALES, DECIDA LA LONGITUD DE LA TELA Y DESPUÉS COSA AMBOS EXTREMOS A LOS LATERALES DEL BOLSO. LUEGO PUEDE AÑADIR LOS BOTONES COMO ELEMENTO DECORATIVO.

Bolso

4 Una los laterales de los derechos con las caras. Planche las costuras en abierto dejando 1 cm de margen por el borde inferior.

5 Coloque el frontal por la parte superior del bolso con los laterales unidos. Alinee las costuras laterales, luego sujete con alfileres y cosa a máquina por todo el extremo superior. Vuelva la tela del bolso.

6 Vuelva la cara del revés y planche el extremo superior. Hilvane el lado inferior de la cara del bolso y cóselo a 3 mm del pliegue.

7 Cosa por la parte superior de la abertura.

8 Sujete las dos asas con alfileres y los derechos encarados, dejando una separación de 8 cm a lo largo de un borde. Planche el margen de la costura a cada lado de la hendidura. Haga muescas en los extremos curvos, tal como se describe en la pág. 23.

9 Vuelva la tira y alise las curvas. Cosa el hueco. Planche y cosa a 3 mm del borde. Inserte dos ojales en cada esquina, ya sea a mano o a máquina.

10 Cosa un botón en el centro del frontal y otros dos en los laterales, centrándolos de modo que queden entre ambas líneas de la costura. Por último, abotone las tiras.

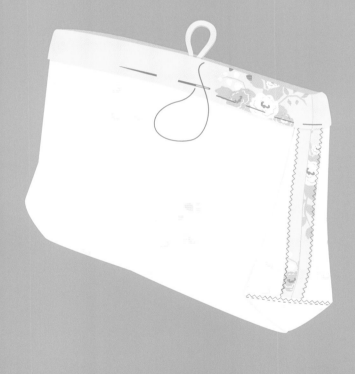

sugerencia → PUEDE DAR UNA APARIENCIA MÁS SÓLIDA A LA BOLSA AÑADIENDO UN FORRO Y UNA BASE FIRME, QUE ES LO QUE HICE EN LA BOLSA DE LA COMPRA QUE SE DESCRIBE EN LAS PÁGINAS SIGUIENTES.

Bolsa de la compra

material

- 45 × 75 cm de algodón de dril con estampado floral
- 35 × 75 cm de estampado de contraste para el forro
- rectángulo de 10 × 20 cm de cartón grueso
- cierre magnético de bolsos o broche grande de presión
- 40 cm de cincha de 4 cm de ancho
- hilo de coser a juego
- kit de costura
- máquina de coser

NIVEL DE DIFICULTAD

El bolso de las páginas anteriores resultó ser de un tamaño y una forma tan útiles que se me ocurrió diseñar una variante. Esta versión más sólida tiene una base firme, un forro de contraste y un asa más corta y fija hecha con cincha de algodón.

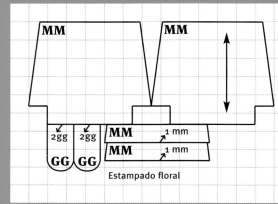

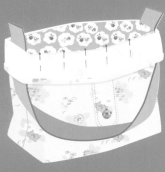

corte el patrón

Derecho: pieza MM con la línea 1 mm como extremo inferior.

Lengüeta: utilice la pieza GG con la línea 2 gg como borde recto.

corte

Delantero y posterior: corte 2 × MM del estampado floral.

Cara: corte 2 del estampado floral.

Lengüeta: corte 2 del estampado floral.

Forro: corte 2 × MM del forro estampado.

El margen de la costura es de 1 cm en toda la labor.

1 Confeccione el bolso y el forro siguiendo los dos primeros pasos del bolso de calle, pero no vuelva el forro del revés. Coloque el cartón en la parte inferior del bolso principal y deslice el forro de manera que las costuras laterales encajen.

2 Añada la parte que sobresale del cierre al extremo curvo de una lengüeta por el lado derecho y a 2,5 cm del extremo. Hilvane la segunda lengüeta en la parte superior con los derechos encarados.

3 Cosa a máquina por los extremos largos y redondeados de las lengüetas, dejando 6 mm de margen de costura. Recorte la curva (*véase* pág. 23) y vuelva la tela. Planche con cuidado, evitando el cierre, y cosa la parte superior de la costura.

4 Una con alfileres el borde recto de la lengüeta al extremo superior central del bolso por el lado derecho con los extremos encajados.

5 Sujete la cincha con alfileres a los costados de la bolsa de modo que los 3 cm de cada extremo sobresalgan por el margen superior.

6 Alinee y cosa los derechos según los pasos 4 a 6 del bolso de calle. Cosa un rectángulo de puntos de refuerzo en cada costura lateral, tal como se muestra en la pág. 26.

7 Encaje la parte hueca del cierre en el centro de la cara de la bolsa, a unos 5 cm de la ranura.

8 Termine el asa uniendo los dos extremos de la cincha unos 20 cm por el centro. Cosa a 3 mm del borde.

sugerencia → DEBERÁ COSER VARIAS CAPAS DE TELA GRUESA, ADEMÁS DE LA CINCHA DE ALGODÓN. PARA ASEGURARSE DE QUE LOS PUNTOS SE APLICAN DE FORMA REGULAR, PONGA UNA AGUJA RECIA EN LA MÁQUINA.

Bolso grande

material

• 65 × 140 cm de estampado floral
• 55 × 85 cm de tela de topos
• hilo de bordar
• botón
• hilo de coser a juego
• kit de costura
• máquina de coser

NIVEL DE DIFICULTAD

Este práctico bolso grande se ha confeccionado con mi combinación preferida: rosas y topos. Tiene un bolsillo exterior muy útil y es tan espacioso que le permite llevar libros y carpetas e, incluso, un ordenador. También es una alternativa moderna y ecológica a las bolsas de plástico cuando vaya a hacer la compra.

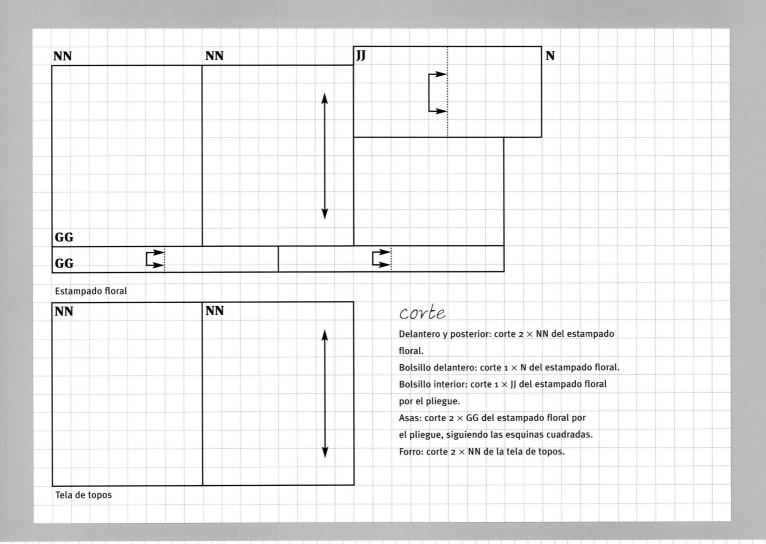

Estampado floral

Tela de topos

corte

Delantero y posterior: corte 2 × NN del estampado floral.

Bolsillo delantero: corte 1 × N del estampado floral.

Bolsillo interior: corte 1 × JJ del estampado floral por el pliegue.

Asas: corte 2 × GG del estampado floral por el pliegue, siguiendo las esquinas cuadradas.

Forro: corte 2 × NN de la tela de topos.

sugerencia

CONFECCIONÉ ESTE BOLSO GRANDE Y EL FORRO CON ALGODÓN DE DRIL, QUE ES UN TEJIDO MUY RESISTENTE. PERO PUEDE OBVIAR EL FORRO Y EL BOLSILLO INTERIOR PARA QUE LA BOLSA SEA MÁS LIGERA Y ESPACIOSA, HASTA EL PUNTO DE PODER DOBLARLA Y LLEVARLA EN EL BOLSO DE MANO.

Bolso grande

El margen de la costura es de 1 cm en toda la labor.

1 Planche a 1 cm, luego otros 3 cm por la parte superior del bolsillo delantero y entonces cosa ambos pliegues. Abra un ojal por el centro del dobladillo.

2 Cosa el bolsillo a la pieza central del bolso de modo que los márgenes estén igualados. Ensamble la parte trasera del bolso con los derechos encarados. Cosa a máquina el lateral y la parte inferior. Planche a 1 cm y luego a 4 cm, doblando por la ranura.

3 Con los derechos encarados, cosa el costado y el fondo del forro. Planche los márgenes de costura hacia dentro. Doble a 5 cm del borde superior.

4 Cosa un dobladillo doble y estrecho por el lado corto del bolsillo interior. Con los derechos encarados, doble a mitad del ancho para que el dobladillo quede a 5 cm del otro costado corto. Sujete con alfileres y cosa. Arregle las esquinas, luego vuelva la tela y planche.

5 Marque una línea vertical a 7 cm del derecho y cosa a máquina para hacer la división del bolsillo. Gire por debajo de la costura no cosida en los extremos superiores y cosa.

6 Sujete con alfileres el lado superior del bolsillo y el del forro, centrándolo sobre la cara trasera. Deslice el forro en el interior del bolso y doble la tela del margen para esconder los márgenes sin rematar.

7 Haga las asas puliendo los extremos cortos, tal como se describe en la pág. 27. Hilvane un asa a la parte interior trasera del bolso de modo que los extremos queden alineados con el bolsillo. Hilvane la otra asa en la posición correspondiente del frontal.

8 Cosa una hilera a 6 mm del borde superior y luego una segunda ronda a 3 cm del borde superior. Refuerce los extremos de las asas, tal como se explica en la pág. 26.

9 Termine cosiendo el botón a la parte delantera del bolso, directamente detrás del ojal.

sugerencia → PUEDE AJUSTAR LA LÍNEA DE PUNTOS DEL BOLSILLO INTERIOR DE MODO QUE EL MÓVIL Y EL MONEDERO ENCAJEN PERFECTAMENTE, O TAL VEZ PREFIERA AÑADIR UN BOLSILLO ESTRECHO PARA GUARDAR UN BOLÍGRAFO O UN LÁPIZ.

Bolso grande reversible

material

- 75 × 140 cm algodón de dril
- 15 × 65 cm de tela de topos
- 60 cm de cincha de 2,5 cm de ancho
- 2 m de ribete al bies (opcional)
- hilo de coser a juego
- kit de costura
- máquina de coser

NIVEL DE DIFICULTAD

Este ingenioso bolso plegable está diseñado con dos pares de asas, una en su lugar habitual, en la parte superior, y otra situada a los costados. Doble la mitad superior del bolso hacia dentro si necesita usarlo como bolsa de la compra o despliéguelo por completo si tiene que cargar mucho (*véanse* ambas opciones en las páginas siguientes).

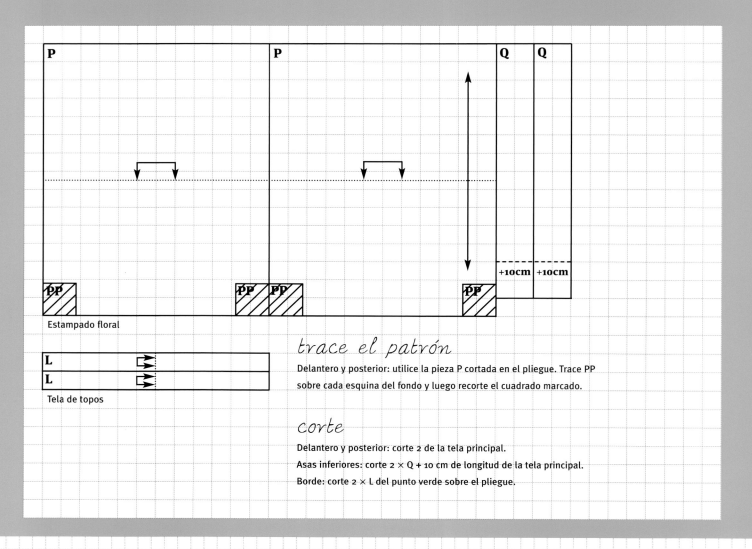

P · P · Q · Q

+10cm · +10cm

PP · PP · PP · PP

Estampado floral

L
L

Tela de topos

trace el patrón

Delantero y posterior: utilice la pieza P cortada en el pliegue. Trace PP sobre cada esquina del fondo y luego recorte el cuadrado marcado.

corte

Delantero y posterior: corte 2 de la tela principal.

Asas inferiores: corte 2 × Q + 10 cm de longitud de la tela principal.

Borde: corte 2 × L del punto verde sobre el pliegue.

sugerencia → UNÍ LAS COSTURAS INTERIORES CON CINTA DE BIES PARA DAR MÁS CAÍDA, PERO TAMBIÉN PUEDE ACABARLAS CON PUNTOS EN ZIGZAG O DE REFUERZO PARA QUE NO SE DESHILACHEN.

Bolso grande reversible

El margen de la costura es de 1 cm en toda la labor.

1 Doble y planche un pliegue de 30 cm por la parte superior del derecho y las piezas traseras para marcar las posiciones de las asas inferiores.

2 Confeccione las dos asas inferiores tal como se describe en la pág. 27 y luego recórtelas a 65 cm.

3 Sitúe un asa por el frontal del bolso de manera que el lado superior discurra por la abertura. Sujete los dos extremos a los laterales del bolso y luego inserte un tramo de 22 cm a izquierda y derecha, dejando otro de 21 cm suelto en el centro.

4 Delimite un rectángulo de 3 cm en cada extremo de la parte sin coser. Cosa los bordes superior e inferior de las partes ensambladas del asa y refuerce los puntos (*véase* pág. 26) dentro de los rectángulos. Haga lo mismo en la parte trasera del bolso.

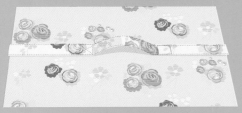

5 Con los derechos encarados, ensamble y cosa el derecho y el envés por los bordes lateral e inferior, dejando sueltas las esquinas cortadas. Ribetee o superponga los márgenes de la costura.

6 Una las esquinas con una costura en forma de «T», (*véase* pág. 22). Doble un margen de costura hacia la izquierda y uno a la derecha donde las dos líneas de costura se cruzan para que no quede una junta voluminosa.

7 Prenda con alfileres y cosa los extremos de los dos ribetes y los derechos encarados. Planche las costuras en abierto y planche un doblez de 1 cm por un costado.

8 Iguale las costuras y sujete el contorno con alfileres en el extremo superior del bolso de forma que el derecho quede encarado al envés del bolso y los bordes sin pulir estén alineados.

9 Corte la cincha por la mitad para hacer dos asas de 30 cm. Mida un punto a 22 cm de cada esquina superior. Haga pasar los extremos de las asas por debajo de esos puntos de contorno: las esquinas deberían sobresalir por encima del margen superior en 2 cm. Hilvane las asas de manera que queden bien sujetas.

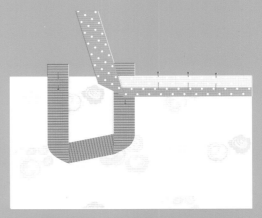

10 Vuelva la tela del bolso y doble el contorno. Embaste el extremo plegado y luego cosa esta parte y el borde superior. Aplique puntadas rectangulares de refuerzo sobre cada extremo del asa.

sugerencia → CUANDO TERMINÉ EL BOLSO, DECIDÍ LLEVAR A CABO MI TRUCO ESPECIAL DE LAVARLO CON AGUA CALIENTE Y SECARLO EN LA SECADORA HASTA QUE ADQUIRIÓ UNA APARIENCIA MÁS SUAVE Y RELAJADA.

Bolso acolchado

NIVEL DE DIFICULTAD

El atractivo de este proyecto radica en la combinación de detalles muy cuidados: el contorno festoneado de la cenefa amarilla, las líneas de punto rosas del acolchado, el ojal cosido a mano y el destello sutil de un botón perlado.

material

- 55 × 35 cm de estampado floral
- 55 × 35 cm de entretela de algodón
- 55 × 35 cm de tela lisa
- 35 cm de cenefa
- botón grande
- hilo de bordado a juego
- lápiz y regla transparente
- hilo de coser a juego
- hilo de coser de contraste para el acolchado
- kit de costura
- máquina de coser

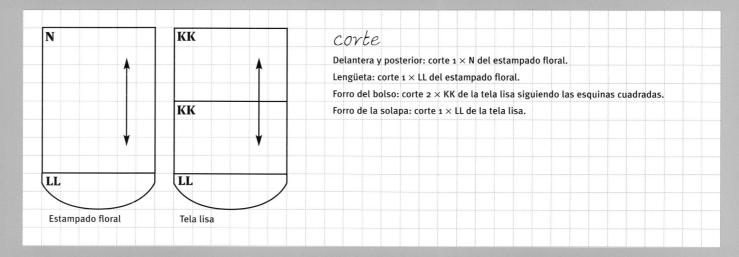

corte

Delantera y posterior: corte 1 × N del estampado floral.

Lengüeta: corte 1 × LL del estampado floral.

Forro del bolso: corte 2 × KK de la tela lisa siguiendo las esquinas cuadradas.

Forro de la solapa: corte 1 × LL de la tela lisa.

Estampado floral

Tela lisa

El margen de la costura es de 6 mm en toda la labor.

1 Marque las líneas del acolchado sobre el bolso principal y la solapa trazando un entramado en diagonal de cuadrados de 2,5 cm en el derecho de cada pieza.

2 Recoja 6 mm de cada lado del patrón de la solapa, luego corte un trozo de entretela a dicho tamaño. Centre esta última en el envés de la solapa y acolche las líneas marcadas.

3 Hilvane un tramo de cenefa por la solapa de modo que el borde del dibujo de la cenefa discurra por el borde curvo. Ensarte el forro de la solapa por el derecho de esta.

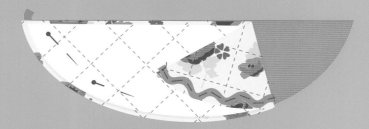

sugerencia → SI LA TELA TIENE UN MARCADO ESTAMPADO DIRECCIONAL, CORTE LAS PIEZAS DELANTERA Y TRASERA CON UN DISEÑO QUE AVANCE A LO LARGO. ASEGÚRESE DE COSER LA SOLAPA EN EL EXTREMO CORRECTO O, DE LO CONTRARIO, APARECERÁ AL REVÉS EN EL DERECHO DEL BOLSO.

Bolso acolchado

4 Cosa a máquina por el costado curvo. Recorte el margen de la costura (*véase* pág. 23) y vuelva la tela. Pula las líneas curvas y planche.

5 Acolche las piezas delantera y posterior del bolso para la solapa. Con los derechos encarados, sujete con alfileres y cosa el lado recto de la solapa al borde superior de la parte trasera del bolso.

6 Pliegue el bolso a mitad del largo con los enveses encarados y doble la solapa. Sujete con alfileres y cosa las costuras laterales.

9 Vuelva los derechos del bolso por la abertura y dele forma. Cierre la ranura del forro con punto invisible.

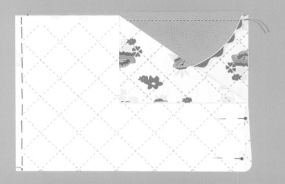

7 Cosa las dos piezas del forro del bolso por los laterales. Planche hacia dentro los márgenes de la costura y luego planche una curva de 1 cm por los costados inferiores. Vuelva la tela.

8 Introduzca el forro en el interior de la bolsa de forma que los lados rectos queden encarados y las costuras alineadas. Sujete los bordes superiores con alfileres para que la solapa quede entre ambos. Cosa el contorno de la ranura a máquina.

10 Añada un ojal en el borde de la solapa y cosa el botón en la parte delantera de la bolsa de modo que ambos queden alineados.

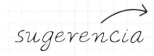

sugerencia ELEGÍ UN ENTRAMADO CLÁSICO PARA EL ACOLCHADO, EL MISMO, DE HECHO, QUE UTILICÉ PARA LA BOLSA DE AGUA CALIENTE. PUEDE VARIAR EL TIPO DE PUNTO SEGÚN LA TELA: SI ESTÁ TRABAJANDO CON UNA A RAYAS, POR EJEMPLO, INTENTE ACOLCHAR SIGUIENDO LAS LÍNEAS PARALELAS.

Neceser con cremallera

material

- 30 × 80 cm de tela de algodón
- 30 × 65 cm de tela de cortina de tela de ducha
- 40 cm de cremallera de nailon
- 70 cm de ribete al bies
- 10 × 20 cm de entretela de peso medio para planchar
- hilo de coser a juego
- kit de costura
- máquina de coser

NIVEL DE DIFICULTAD

Siempre me ha gustado descubrir usos nuevos e inesperados de retales antiguos, y este neceser con cremallera empezó su andadura en los años cincuenta como un vestido de verano con una falda floreada. Las anchas rayas turquesa y blanco del algodón suave son perfectas para una forma estructurada como la de este neceser, rematado en las esquinas con costuras en forma de «T».

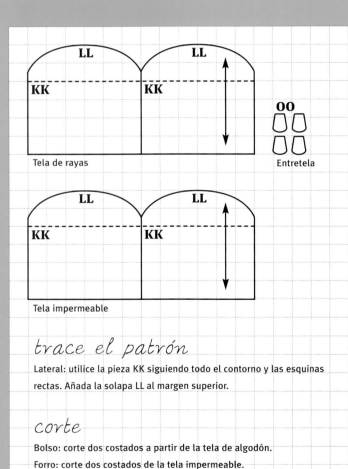

trace el patrón

Lateral: utilice la pieza KK siguiendo todo el contorno y las esquinas rectas. Añada la solapa LL al margen superior.

corte

Bolso: corte dos costados a partir de la tela de algodón.
Forro: corte dos costados de la tela impermeable.
Lengüetas: corte 4 × OO de la entretela.

1 Embaste las piezas del forro al envés de las piezas del bolso por los cuatro costados.

2 Abra la cremallera y prenda un borde recto con alfileres por un borde curvo de la bolsa y los derechos encarados. La cremallera es más larga que la bolsa, así que procure dejar la misma longitud en cada extremo.

3 Inserte un pie de cremallera a la máquina y cosa a unos 5 mm de los dientes. Repita la operación por el otro lado. Planche las costuras hacia fuera y cosa por la parte superior, cerca de las líneas de costura.

4 Con los derechos encarados, prenda con alfileres y cosa los laterales y el fondo con sus cuatro capas. Deje 1 cm sin coser en cada esquina superior.

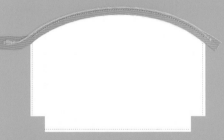

5 Una las esquinas del fondo con una costura en forma de «T» (*véase* pág. 22). Vuelva la tela y pase los extremos de la cremallera por las ranuras de la parte superior de las costuras laterales. Cosa con punto invisible para cerrar. Recorte y una las costuras interiores.

6 Planche las lengüetas a la tela sobrante y corte, dejando un margen de 6 mm en todo el contorno. Únalo a la parte posterior y luego cosa las lengüetas a pares por el costado y el fondo. Recorte 2 cm los extremos de la cremallera y encájela a la parte superior de las lengüetas. Cosa donde corresponda.

sugerencia → SI TAMBIÉN ELIGE RAYAS, TENDRÁ QUE DEJAR UN POCO DE TELA DE MÁS PARA QUE TODO ENCAJE. ASEGÚRESE DE QUE EL ESTAMPADO ENCAJE CORRECTAMENTE POR AMBAS CARAS Y CORTE CUATRO LENGÜETAS IDÉNTICAS CON LAS RAYAS EN HORIZONTAL.

Neceser con cordón

NIVEL DE DIFICULTAD

He aquí otra tela estrafalaria de vestido reciclada, en este caso, un estampado colorido de los años sesenta con cuadrados de tonos brillantes. Encontré un tramo de cinta al bies que resultó ser perfecta para combinar con el verde vívido y la utilicé para ribetear la costura principal. Los cordones se han confeccionado a partir de dos tirantes de la tela principal.

material

- 60 × 80 cm tela estampada de algodón
- 35 × 45 cm de tela impermeable
- 70 cm de cordoncillo
- 70 cm de ribete de contraste al bies
- 70 cm de ribete blanco al bies
- hilo de coser a juego
- regla
- kit de costura
- máquina de coser

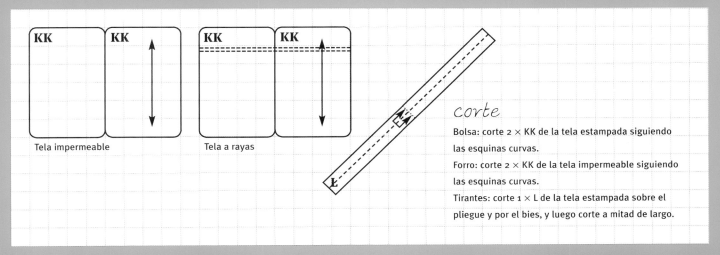

corte

Bolsa: corte 2 × KK de la tela estampada siguiendo las esquinas curvas.

Forro: corte 2 × KK de la tela impermeable siguiendo las esquinas curvas.

Tirantes: corte 1 × L de la tela estampada sobre el pliegue y por el bies, y luego corte a mitad de largo.

1 Marque dos puntos en cada lado, a 6 y 7 cm por debajo del borde superior de una pieza del bolso. Con un rotulador deleble, marque dos líneas de manera que queden en paralelo por el derecho.

2 Sujete con alfileres la parte superior del bolso a una pieza de forro con los derechos encarados. Deje un margen de 1 cm y cosa a máquina en el extremo superior entre los dos puntos de arriba para reforzar así ambos extremos de las puntadas.

3 Haga una muesca de 1 cm en ambas capas de tela en las puntas de la línea inferior. Recorte las esquinas, planche los márgenes de la costura hacia dentro y vuelva la tela.

sugerencia ESTE PROYECTO SIRVE DE INTRODUCCIÓN A LAS COSTURAS EN CORDONCILLO Y LAS TIRAS DE TELA. SON DOS TÉCNICAS ALGO MÁS AVANZADAS QUE SE UTILIZAN EN LA CONFECCIÓN DE VESTIDOS Y ROPA DE CASA. PERO NO SE DESANIME, YA QUE ESTE NECESER NO ES TAN DIFÍCIL COMO PUEDA PARECER EN UN PRINCIPIO.

Neceser con cordón

4 Cosa a máquina ambas líneas para preparar el canal de las tiras y luego continúe por la segunda cara.

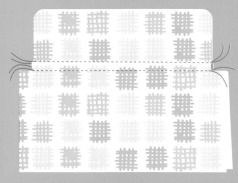

5 Cubra el cordoncillo con el ribete de contraste al bies, tal como se describe en la pág. 23. Con el encaje de los bordes sin recortar y un solapamiento de unos 3 cm en cada extremo, sujete el cordón con alfileres al derecho de una pieza del neceser. Doble el cordoncillo suelto hacia fuera formando un ángulo.

6 Una la segunda cara con la primera de manera que los derechos queden encarados.

7 Encaje el pie de cremallera a la máquina y cosa ambos costados cerca del borde del cordoncillo. Cosa los ángulos que pueda formar el cordón. Recorte y pula las esquinas.

8 Remate el margen de la costura cubriéndola con el ribete blanco al bies. Luego vuélvala y planche suavemente.

9 Confeccione las dos tiras tal como aparece en la pág. 25. Inserte un pequeño imperdible en la primera tira y páselo por el hueco que se ha formado entre las dos líneas de puntos y por los canales de cordoncillo de las caras delantera y posterior del neceser. Pase la segunda cinta desde el otro lado. Haga un nudo en ambos extremos de las tiras y recorte.

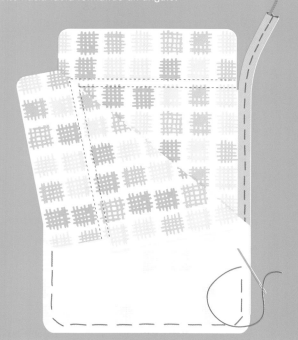

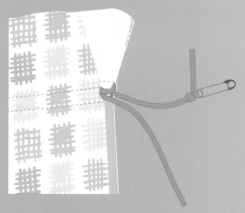

sugerencia → LAS TIRAS SE CONFECCIONAN A PARTIR DE TUBOS MUY ESTRECHOS DE TELA. SI ELIGE UN MATERIAL MUY GRUESO, NO PODRÁ PASAR EL CORDONCILLO, ASÍ QUE BUSQUE UNA COMBINACIÓN DE ALGODÓN FINO. TAMBIÉN PUEDE HACER LO MISMO EN EL CORDONCILLO.

Joyero

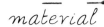

material

- 25 × 80 cm de algodón de dril
- 20 cm de cremallera de nailon
- 1,5 m de ribete al bies
- 1 broche de presión de tamaño
  medio
- 50 cm de cordoncillo
- hilo de coser a juego
- kit de costura
- máquina de coser

NIVEL DE DIFICULTAD

Guarde sus pulseras, collares y broches cuando salga de viaje en los distintos compartimentos de este práctico joyero, que cuenta incluso con un tubo de tela para poner los anillos. Se trata de un regalo idóneo para todas las edades, perfecto para llevarse de viaje o guardar las joyas más preciadas en un cajón.

```
┌──────────────────────────────┬───────┬────┐
│ KK            KK             │  PP  │ PP │
│   ↑                          │      │    │
│   1kk                ↕       ├──────┤    │
│                             │  PP  │ ↰↑ │
└──────────────────────────────┴───────┴────┘
```
Algodón de dril

corte el patrón

Interior: utilice la pieza KK siguiendo las esquinas curvas del margen izquierdo. Corte por la línea 1 kk para obtener dos piezas.

Exterior: utilice la pieza KK siguiendo los extremos cuadrados del lado derecho. Recorte 4 cm desde el costado izquierdo.

corte

Interior: corte ambas partes de la tela principal.

Exterior: corte 1 de la tela principal.

Bolsillos: corte 2 × PP de la tela principal.

Tubo de anillos: corte 1 × PP de la tela principal, por el pliegue.

sugerencia SI QUIERE UN JOYERO CON MÁS RELLENO, PUEDE AÑADIR UNA CAPA DE ALGODÓN O POLIÉSTER ENTRE LAS PIEZAS INTERIOR Y POSTERIOR.

Joyero

1 Planche por debajo de un doblez de 2 cm por el costado derecho de la estrecha pieza interior y el costado izquierdo de la pieza ancha. Cosa la cremallera entre estos extremos plegados (*véase* pág. 25) y recorte las puntas.

2 Cosa una cremallera estrecha por un costado de cada bolsillo y planche un doblez de 6 mm por debajo de los otros tres bordes. Con los dobladillos de la izquierda, ensártelos por el lado derecho de la pieza interior, a 2 cm de los costados. Cosa a máquina cerca de los pliegues. Cierre la cremallera.

3 Planche un doblez de 1 cm por un costado largo del tubo de anillos. Empezando por el lado contrario, vaya tirando de él con el derecho hacia fuera. Enganche con alfileres y luego cosa el pliegue. Pula un extremo y deje la costura por detrás. Cosa la parte que sobresale del broche de presión a la costura, a 1 cm del borde inferior.

4 Alise el extremo abierto del tubo de anillos. Sujete con alfileres y luego cósalo en el extremo superior de la pieza interior, a 7 cm a la derecha de la cremallera. Cosa la segunda parte del broche de presión al extremo inferior del interior de manera que quede alineada con la primera parte.

5 Prenda con alfileres la pieza exterior y el interior terminado de forma que los enveses queden encarados y pulidos al mismo ancho. Cosa a máquina a unos 6 mm de borde exterior. Recorte el margen de la costura a unos 3 mm.

6 Con un rotulador deleble, trace una línea por el interior a 1 cm a la derecha del tubo para anillos. Cosa a máquina por dicha línea.

7 Empezando por el centro izquierdo, pula el borde exterior con ribete al bies, cosiéndolo a mano o a máquina. Alise los bordes plegados por las esquinas curvas, alargándolo suavemente. Doble el ribete formando un ángulo de 45 grados en las esquinas cuadradas.

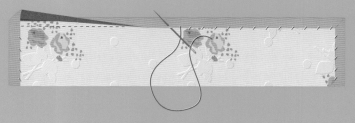

8 En cuanto al lazo, cubra el cordoncillo con el resto de ribete al bies. Planche a 1 cm por una esquina y luego envuelva el cordoncillo con el ribete. Cosa a máquina los bordes plegados, rematando el otro extremo del mismo modo. Doble el lazo por la mitad hasta hallar el centro y cosa desde este punto hasta el borde central izquierdo.

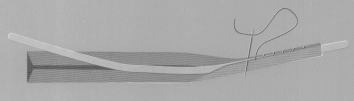

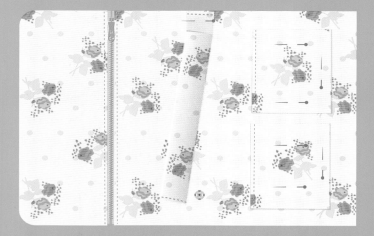

sugerencia → CONFECCIONE ESTE JOYERO CON UN ESTAMPADO PEQUEÑO, COMO ESTE DE PEQUEÑAS ROSAS EN FLOR, Y ELIJA UN COLOR MÁS OSCURO PARA EL RIBETE AL BIES Y LAS TIRAS. EN VEZ DE UTILIZAR LA MISMA TELA EN EL EXTERIOR E INTERIOR, PUEDE OPTAR POR UN FORRO LISO O DE TOPOS.

Funda para gafas

material

- 35 × 25 cm de tela estampada
- 35 × 50 cm de terciopelo
- 25 × 35 cm de entretela de algodón
- 75 cm de cordoncillo
- botón pequeño
- hilo de coser a juego
- hilo de algodón de bordar a juego
- kit de costura
- máquina de coser

NIVEL DE DIFICULTAD

El llamativo ribete rosa aporta un aire nuevo a esta funda clásica para gafas al tiempo que ilustra hasta qué punto se puede transformar un objeto cotidiano en algo verdaderamente personalizado cambiando tan solo un pequeño elemento de diseño. La funda lleva un suave forro de terciopelo y una capa interior reforzada para proteger las gafas.

1 Una las dos tiras al bies, tal como se describe en la página 21 y utilice el ribete para cubrir el cordoncillo (*véase* pág. 23). Iguale las puntas, y embaste el cordoncillo por el contorno de la pieza de atrás, empezando por el extremo del centro inferior. Cruce los dos extremos en su punto de intersección y corte en el espacio donde se solapan.

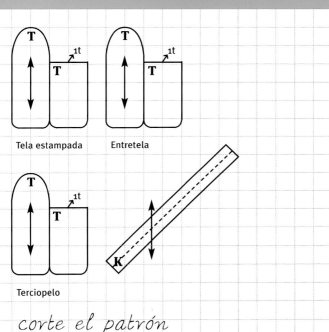

Tela estampada Entretela

Terciopelo

corte el patrón

Frontal: utilice la pieza T con la línea 1t como margen superior y siguiendo las esquinas curvas.

corte

Posterior: corte 1 × T de la tela estampada siguiendo las esquinas curvas.

Frontal: corte 1 de la tela estampada.

Forro posterior: corte 1 × T del terciopelo.

Forro delantero: corte 1 frontal del terciopelo.

Cordoncillo: corte 1 × K del terciopelo por el bies y a medio largo.

Entretela: corte una delantera y otra trasera.

sugerencia

EL CORDONCILLO DE TERCIOPELO TIENE UNA CUALIDAD MUY GRÁFICA, YA QUE HACE RESALTAR EL CONTORNO DEL ESTUCHE. EL BRILLANTE TERCIOPELO ROSA CONTRASTA CON EL SUAVE FONDO GRIS PALOMA. CONVIENE ELEGIR UN COLOR CONTUNDENTE A PARTIR DE LA TELA PRINCIPAL PARA LOGRAR EL MISMO EFECTO.

Funda para gafas

2 Planche un doblez a 1 cm por el extremo superior de la pieza frontal. Con los derechos encarados, sujete con alfileres y embaste el frontal con la parte de atrás por un costado y el fondo. Una un pie de cremallera y cosa. Recorte el margen de la costura a 6 mm, pula las esquinas y vuelva la tela.

3 Recorte un margen de 1 cm en los bordes exteriores de las piezas estampadas del frontal y posterior, y utilícelas como guía para cortar la entretela. Embaste el posterior de esta última por el centro con el envés del forro posterior de modo que quede un margen de 1 cm en todo el contorno.

4 Planche un doblez a 1 cm por la parte superior del forro frontal. Sujete la entretela con alfileres por el envés, dejando un margen de 1 cm en el contorno. Pliegue por la entretela y embaste.

5 Con los derechos encarados, sujete con alfileres, embaste y cosa a máquina el forro de las piezas frontal y trasera, dejando un margen de costura de 1 cm.

6 Recorte el margen de la costura en el costado y el fondo del forro a 4 mm.

7 Pliegue el forro restante por la lengüeta de la parte trasera del forro, plisándola un poco a medida que avance por la curva. Embástela.

8 Introduzca el forro acabado por el interior de la funda de manera que los enveses queden juntos. Alise las esquinas del forro.

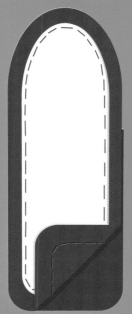

9 Cosa el costado superior recto del frontal a la parte superior del forro. Embaste el forro de la solapa en la solapa misma y cósala en el costado curvo junto al cordoncillo.

10 Cosa un ojal hacia el centro de la solapa tal como se describe en la pág. 25. Cosa un botón en el frontal del estuche terminado de forma que quede alineado con el ojal.

sugerencia → EL LAZO DEL OJAL HECHO A MANO, CONFECCIONADO CON EL MISMO TONO GRIS DE LA TELA PRINCIPAL, ES UN HERMOSO TOQUE FINAL. NO ES DIFÍCIL DE HACER, PERO SI NO HA HECHO NUNCA ESTE PUNTO, CONVIENE PRACTICAR LA TÉCNICA EN UN RETAL SUELTO.

Funda de iPod

NIVEL DE DIFICULTAD

Las técnicas tradicionales de costura y las nuevas tecnologías se conjugan en esta pequeña y simpática funda acolchada de iPod. Es perfecta para proteger el teléfono móvil o el reproductor de MP3. El cierre de cordoncillo se confecciona con un cordón de nailon y se fija con un regulador, que encontrará en una buena mercería.

material

- 20 × 40 cm de tela estampada
- cuadrado de 25 cm de algodón afelpado
- cuadrado de 25 cm de entretela de algodón
- 30 cm de cinta al bies de 4 cm
- 30 cm de cordón fino
- regulador
- hilo de coser a juego
- kit de costura

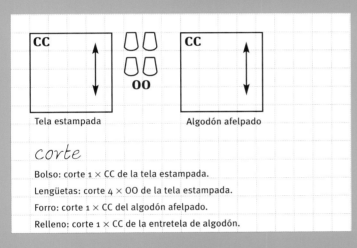

CC · **OO** · **CC**

Tela estampada · Algodón afelpado

corte

Bolso: corte 1 × CC de la tela estampada.

Lengüetas: corte 4 × OO de la tela estampada.

Forro: corte 1 × CC del algodón afelpado.

Relleno: corte 1 × CC de la entretela de algodón.

1 Doble la bolsa por la mitad con los derechos encarados. Sujete con alfileres y luego cosa un costado con el fondo, dejando un margen de costura de 1 cm.

2 Alise los 6 cm superiores de la costura lateral. Planche un doblez de 2,5 cm por el borde superior y luego vuelva la tela de la bolsa.

3 Planche un doblez de 2,5 cm a cada lado del ribete al bies y luego plánchelo a mitad del largo con los dobleces en el interior.

4 Embaste el ribete alrededor de la abertura de la bolsa, con las puntas sin hacer en el interior y a 6 mm del borde plegado saliendo por encima del borde superior. Alinee los extremos doblados de la cinta con la costura lateral.

5 Prenda el forro y el relleno con alfileres, y repita el primer paso. Planche los márgenes de las costuras hacia dentro y luego planche un doblez de 2,5 cm por el costado superior. Introduzca el forro en el interior de la bolsa, situándolo de modo que la costura lateral quede de cara a la abertura.

6 Embaste el costado superior a un extremo del cordón y páselo por el canalón de la cinta. Haga pasar dos extremos por el regulador.

7 Fijar un cierre de seguridad del cordón y pasarle a través del canal del bies. Resbalar dos extremos a través de la palanca.

8 Planche un doblez de 1 cm en cada lengüeta, alisando la curva en los extremos inferiores. Sujete con alfileres en pares y cosa un lateral con el fondo. Empuje los extremos del cordón por las ranuras y cierre con un punto invisible.

sugerencia

TUVE SUERTE DE ENCONTRAR UNA CINTA DE LA MISMA TONALIDAD NARANJA QUE LOS DETALLES DE LOS PÉTALOS DE LA MARGARITA. SI NO PUEDE ENCONTRAR EL COLOR QUE BUSCA, ENTONCES CORTE UNA TIRA DE 4 CM DE ANCHO AL BIES DE TELA LISA.

Tiendas Cath Kidston

España

El Corte Inglés Diagonal
Av. Diagonal, 617
Barcelona

El Corte inglés
Centro Comercial Sanchínarro
C/ Margarita de Parma, 1
Madrid

El Corte Inglés Puerto Banús
Ramón Areces, s/n
Puerto Banús, Marbella

Reino Unido

Aberdeen
Unit GS20,
Union Square Shopping Centre,
Guild Square,
Aberdeen AB11 5PN
01224 591726

Bath
3 Broad Street,
Bath BA1 5LJ
01225 331006

Belfast
24–26 Arthur Street,
Belfast BT1 4GF
02890 231581

Bicester Village Outlet Store
Unit 43a,
Bicester Village,
Bicester OX26 6WD
01869 247358

Birmingham – Selfridges Concession
Upper Mall,
East Bullring,
Birmingham B5 4BP
0121 600 6967

Bluewater
Unit L003,
Rose Gallery,
Bluewater Shopping Centre,
Kent DA9 9SH
01322 387454

Bournemouth
5–6 The Arcade,
Old Christchurch Road,
Bournemouth BH1 2AF
01202 553848

Brighton
31a & 32 East Street,
Brighton BN1 1HL
01273 227420

Bristol
79 Park Street,
Clifton,
Bristol BS1 5PF
01179 304722

Cambridge
31–33 Market Hill,
Cambridge CB2 3NU
01223 351810

Canterbury
6 The Parade,
Canterbury CT1 2JL
01227 455639

Cardiff
45 The Hayes,
St David's,
Cardiff CF10 1GA
02920 225627

Cheltenham
21 The Promenade,
Cheltenham GL50 1LE
01242 245912

Chester
12 Eastgate Street,
Chester CH1 1LE
01244 310685

Chichester
24 South Street,
Chichester PO19 1EL
01243 785622

Dublín
Unit CSD 1.3,
Dundrum Shopping Centre,
Dublín 16
00 353 1 296 4430

Edimburgo
58 George Street,
Edinburgh EH2 2LR
01312 201509

Exeter
6 Princesshay,
Exeter EX1 1GE
01392 227835

Glasgow
18 Gordon Street,
Glasgow G1 3PB
01412 482773

Guildford
14–18 Chertsey Street,
Guildford GU1 4HD
01483 564798

Gunwharf Quays Outlet Store
Gunwharf Quays,
Portsmouth PO1 3TU
02392 832982

Harrogate
2–6 James Street,
Harrogate HG1 1RF
01423 531481

Heathrow Airport Terminal 3
Retail Unit 3003,
First Floor Heathrow Airport TW6 2QG
020 8897 0169

Heathrow Airport Terminal 4
Departure Lounge, Heathrow Airport TW6 3XA
020 8759 5578

Heathrow Airport Terminal 5
Retail Unit 2043,
Gate LevelHeathrow Airport TW6 2GA
020 8283 7963

Jersey
11 King Street,
St Helier,
Jersey JE2 4WF
01534 726768

Kildare Village Outlet Store
Unit 21c,
Kildare Village,
Nurney Road,
Kildare Town
00 353 45 535 084

Kingston
10 Thames Street,
Kingston upon Thames KT1 1PE
020 8546 6760

Leamington Spa
Unit 5,
Satchwell Court,
Royal Priors Shopping Centre, Leamington
Spa CV32 4QE
01926 833518

Leeds
26 Lands Lane,
Leeds LS1 6LB
01133 912692

Liverpool
Compton House,
18 School Lane,
Liverpool L1 3BT
0151 709 2747

Londres – Battersea
142 Northcote Road,
Londres SW11 6RD
020 7228 6571

Londres – Chiswick
125 Chiswick High Road,
Londres W4 2ED
020 8995 8052

Londres – Covent Garden
28–32 Shelton Street,
Londres WC2H 9JE
020 7240 8324

Londres – Fulham
668 Fulham Road,
Londres SW6 5RX
020 7731 6531

Tiendas Cath Kidston

Londres – Harrods Concession
Knightsbridge,
Londres SW1X 7XL
020 3036 6279

Londres – Marylebone
51 Marylebone High Street,
Londres W1U 5HW
020 7935 6555

Londres – Notting Hill
158 Portobello Road,
Londres W11 2BE
020 7727 0043

Londres – Selfridges Concession
Oxford Street,
Londres W1A 1AB
020 7318 3312

Londres – Sloane Square
27 Kings Road,
Londres SW3 4RP
020 7259 9847

Londres – St Pancras
St Pancras International Station,
Londres NW1 2QP
020 7837 4125

Londres – Westfield London
Level 1,
Unit 1107,
Westfield Londres, Londres W12 7GF
020 8762 0237

London – Westfield Stratford
Montifichet Road,
Queen Elizabeth Olympic Park,
Londres E20 1EJ
020 8534 9676

London – Wimbledon Village
3 High Street,
Wimbledon SW19 5DX
020 8944 1001

Manchester
62 King Street,
Manchester M2 4ND
0161 834 7936

Manchester – Selfridges Concession
1 The Dome,
The Trafford Centre,
Manchester M17 8DA
0161 629 1184

Marlborough
142–142a High Street,
Marlborough SN8 1HN
01672 512514

Marlow
6 Market Square,
Marlow SL7 1DA
01628 484443

Newbury
35 Middle Street,
Parkway Shopping,
Newbury RG14 1AY
0163 537213

Newcastle
136–138 Grainger Street
Newcastle Upon Tyne NE1 5AF
0191 222 1677

Newcastle – Fenwicks Concession
Northumberland Street,
Newcastle Upon Tyne NE99 1AR
0191 232 5100

Norwich
21 Castle Street,
Norwich NR2 1PB
01603 633570

Nottingham
23 Bridlesmith Gate,
Nottingham NG1 2GR
01159 413554

Oxford
6 Broad Street,
Oxford OX1 3AJ
01865 791576

Reading
96 Broad Street,
Reading RG1 2AP
01189 588530

Salcombe
74 Fore Street,
Salcombe TQ8 8BU
01548 843901

Sheffield – Meadowhall
60 High Street,
Meadowhall Centre,
Sheffield S9 1EN
01142 569737

St Albans
Unit 4,
Christopher Place, St Albans AL3 5DQ
01727 810432

St Ives
67 Fore Street,
St Ives TR26 1HE
01736 798001

Tunbridge Wells
59–61 High Street,
Tunbridge Wells TN1 1XU
01892 521197

Winchester
46 High Street,
Winchester SO23 9BT
01962 870620

Windsor
24 High Street,
Windsor SL4 1LH
01753 830591

York
32 Stonegate,
York YO1 8AS
01904 733 653

Para información actualizada de todas
las tiendas Cath Kidston, visite:
www.cathkidston.com

Agradecimientos

Muchas gracias a Lucinda Ganderton y Jess Pemberton por hacer todos los proyectos, así como a Pia Tryde, Laura Mackay, Bridget Bodoano y Elaine Ashton. Gracias también a Katherine Case, Lisa Pendreigh y Helen Lewis, de Quadrille.

Cath Kidston

Título original:
sew!

Dirección editorial: Anne Furniss
Dirección artística: Helen Lewis
Dirección de proyecto: Lisa Pendreigh
Diseño: Katherine Case
Fotografía: Pia Tryde
Ilustraciones: Bridget Bodoano
Proyectos y asesoramiento técnico: Lucinda Ganderton, Jessica Pemberton, Lis Gunner
Comprobación de patrones: Sally Harding
Traducción: Carmen Font Paz
Revisión técnica de la edición en lengua española: Isabel Jordana Barón
Coordinación de la edición en lengua española: Cristina Rodríguez Fischer

Primera edición en lengua española 2014

© 2014 Naturart, S.A. Editado por BLUME
Av. Mare de Déu de Lorda, 20
08034 Barcelona
Tel. 93 205 40 00 Fax 93 205 14 41
E-mail: info@blume.net
© 2009 Quadrille Publishing Limited, Londres
© 2009 del texto, diseños y proyectos Cath Kidston
© 2009 de las fotografías Pia Tryde

I.S.B.N.: 978-84-15317-82-1

Impreso en China

Plantillas

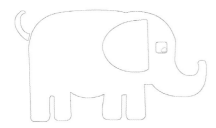

Plantilla de elefante
Necesaria para:
Colcha de cuna (págs. 100-103)
Bolsa de lona (págs. 112-115)

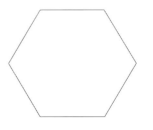

Plantilla de hexágono
Necesaria para:
Bolsa de tejer (págs. 80-83)

Plantilla de corazón
Necesaria para:
Mantel de té con corazón
(págs. 52-53)
Mantel de pajaritos
(págs. 58-59)
Saquitos de lavanda
(págs. 64-65)
Estuche de agujas y acerico
(págs. 76-79)
Delantal de niña (págs. 88-89)
Colcha con corazones (págs. 104-107)

Plantilla de pájaro
Necesaria para:
Cojín con pájaros (págs. 38-41)
Mantel de pajaritos (págs. 58-59)
Saquitos de lavanda (págs. 64-65)
Móvil de pájaros (págs. 94-95)
Colcha de cuna (págs. 100-103)

Plantilla de avión
Necesaria para:
Manta con aviones
(págs. 108-109)

Plantilla de flor
Necesaria para:
Cojín floreado (págs. 46-47)
Colcha con corazones
(págs. 104-107)

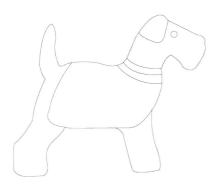

Plantilla de Stanley
Necesaria para:
Retrato de Stanley (págs. 92-93)
Stanley de juguete (págs. 98-99)

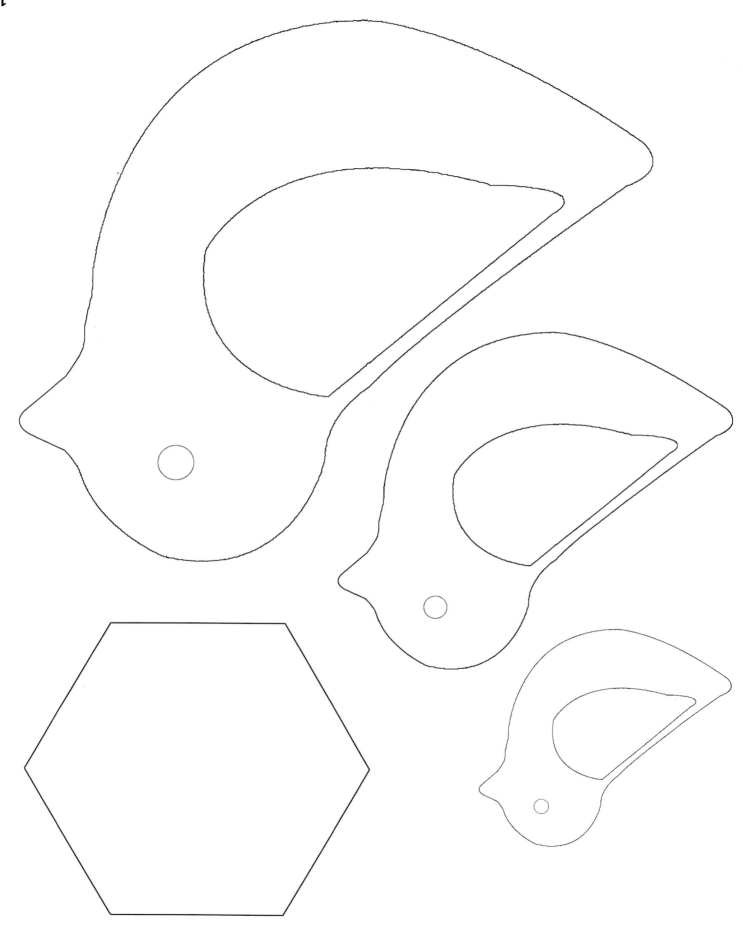